AF612528

ISHTAR

Poesia

110

© 2021 - Gilgamesh Edizioni con *La Corte dei Poeti*
Via Giosuè Carducci, 37 - 46041 Asola (MN)
gilgameshedizioni@gmail.com - www.gilgameshedizioni.com
Tel. 0376/1586414

ISBN 978-88-6867-587-5

È vietata la riproduzione non autorizzata. Le riproduzioni potranno essere concesse dall'editore solo con specifica autorizzazione.

Grafica di copertina: Stefano Iori

© Tutti i diritti riservati

Poesia e Filosofia
I domini contesi

Sonia Caporossi
Ornella Crotti
Danilo Di Matteo
Flavio Ermini
Stefano Iori
Rosa Pierno
Umberto Piersanti
Andrea Pinotti
Armando Savignano
Pasquale Vitagliano

A cura di Stefano Iori e Rosa Pierno

La Corte dei Poeti

Gilgamesh Edizioni

Introduzione

I brevi saggi che compongono la collezione *Poesia e filosofia. I domini contesi* tracciano, a partire da posizioni culturali distanti, una mappa delle tangenze, delle contese, dei prestiti e delle avversioni che hanno caratterizzato e continuano a influenzare, anche secondo sviluppi imprevisti, i rapporti tra questi due domini. Che la filosofia funga da contenuto per la forma poetica, che la poesia si riveli quale contenitore esemplare di traguardi che la stessa filosofia si pone, che quest'ultima tenti di impossessarsi di abbrivi e di forme espressive tratte dai testi poetici, che la poesia segua alcuni sviluppi logici della filosofia, è quanto si evince dalla trama di scambi e di frizioni qui tracciata. La presente raccolta di testi critici è una parte che sta per il tutto, metonimicamente in grado, cioè, di individuare i punti nodali della costellazione di relazioni che le due forme culturali hanno tessuto, ma anche di esporre i modi dello scambio. Intreccio inesausto e indeponibile. È con l'intento di mostrare per quali vie poesia e filosofia tramino una probabile comune via o asseriscano una loro non coincidenza, che nasce questo densissimo volume. Infatti, ciò che è importante, al di là dei risultati sempre parziali, è continuare a riflettere sugli strumenti che abbiamo a disposizione per esprimere le nostre visioni del mondo. Il progetto su cui si basa codesto volume è al suo atto di avvio; con esso potrebbero innescarsi ulteriori auspicabili discussioni sull'argomento "Poesia e Filosofia". Speriamo, nei prossimi anni, di poter dare seguito alla ricerca grazie a nuovi contributi, anche di altri pensatori.

Un quadro d'insieme sul dibattito filosofico e critico sul nostro tema ci è offerto dal contributo di **Rosa Pierno**, interessata a cogliere nelle opere di alcuni pensatori novecenteschi la specifica volontà di conservare o divellere gli steccati che separano le due discipline. Il linguaggio, essendo il mezzo espressivo comune alla poesia e alla filosofia, spesso trae in inganno sulle effettive determinazioni formali che i due ambiti culturali raggiungono e sul senso e sullo scopo che si prefiggono. Lo studio della loro distinzione, così come si configura a partire dalla crisi della ragione determinata da Kant, mentre Hegel tenta il recupero della sua unità e Heidegger va in cerca delle esperienze dissolte dalla razionalizzazione, costituisce la cornice entro la quale maturano le riflessioni di Habermas e Danto. Al contrario, Derrida e Steiner sono fra coloro che sanciscono la coincidenza fra poesia e filosofia. Dall'esposizione di tali contrapposte posizioni emergono tuttavia alcuni concetti dirimenti, i quali consentono di guardare all'intera estensione del dibattito e di comprendere meglio il ruolo di ciascuno degli elementi in gioco: il linguaggio con le sue espressioni retoriche, il soggetto, il reale, la verità, la conoscenza, la vita.

Assertiva sulla effettiva distinzione tra poesia e filosofia è **Sonia Caporossi,** che affronta la loro relazione dal cono prospettico del pensiero idealistico di Benedetto Croce. Il filosofo, analizzando il problema del nesso tra forma e contenuto, espone il contrasto tra Romanticismo e Classicismo secondo il dualismo di apollineo e dionisiaco. I due partiti danno luogo alla vera poesia solo nella loro superiore unità, mentre ciò che dà coerenza all'intuizione è il sentimento. Il sentimento viene dunque identificato come il contenuto stesso dell'arte e della poesia. Per Croce, l'arte in genere è sempre lirica e l'arte come intuizione lirica è quella in cui prevale il tema soggettivo, in cui si fa spazio la personalità dell'artista; in questo senso l'aggettivo 'lirica' esprime l'elemento soggettivo e sentimentale necessario alla dicibilità dei rapporti fra contenuto e forma, fra intuizione ed espressione. La separazione di contenuto e forma è una mera astrazione in quanto artistica è soltanto la loro sintesi a priori nell'opera d'arte.

Concorde sull'esistenza di una distinzione tra l'esercizio del pensiero filosofico e dell'attività poietica è Flavio Ermini, il quale è totalmente a favore di una poesia autonoma nel suo percorso conoscitivo e immaginativo; anzi, quest'ultima si configura come l'unica via possibile al fine di condurre un'interrogazione sull'essere.

È la poesia, per **Flavio Ermini**, a portarci al cospetto del vero: lì essa ci impone di imparare a vedere oltre le apparenze. La compiutezza della poesia evidenzia una totalità sempre mancata, mette in luce il carattere irregolare e frammentario del mondo. Con la poesia ci troviamo di fronte al più deciso rifiuto di un dire valutativo e, allo stesso tempo, alla più netta affermazione della necessità di un dire *naturale*, strettamente connesso all'*essere*. La poesia ci porta al cospetto dell'oltranza, al suo segreto accesso, lontano dal limitato sapere degli uomini; che *limitato* è perché distingue, divide; e dividendo riduce, diminuisce. La poesia ci parla di quel tempo originario e autentico che riconosce l'esistenza individuale in rapporto con il tutto. Essa ci rivela che il mondo che ci attornia non è a noi preesistente: non appare prima della parola, come superficialmente si pensa. Nella poesia il linguaggio delle parole s'intreccia con il linguaggio del silenzio e dà vita al dicibile e all'indicibile nelle cose che si ergono davanti a noi. Lontana da ogni intimismo, la poesia va intesa come esigenza di dialogo, come un interrogare radicale che a noi si rivolge al fine di rompere il nostro isolamento nell'incontro con l'Altro.

Vi sono alcune posizioni in cui la distanza tra poesia e filosofia si assottiglia fino a dissiparsi, nel senso che vari, e spesso intrecciati, appaiono i processi e le forme con cui l'essere umano inscena il suo rapporto con il mondo. Concordano con il pensiero wittgensteiniano, per il quale non si può discernere lo stato interno (pensiero, immaginazione, intuito, inconscio) ma soltanto indicare come usiamo il linguaggio per produrre le nostre descrizioni, alcune posizioni che si soffermano su tali non risolvibili indistinzioni.

È il caso di **Danilo Di Matteo**, che, interessato alla psicanalisi, si chiede se per caso la poesia non condivida la medesima logica del sogno: in esso agirebbe un criterio che condensa, diversamente dall'approccio della filosofia e della scienza che invece discernono. Tuttavia, nel continuare la sua indagine, egli considera i confini tra le diverse discipline, poesia, filosofia, scienza, come caratterizzati da un confine poroso e contaminato, dove la capacità di esprimersi in una pluralità di registri determina un coagularsi delle varie forme comunicative. Proprio la pluralità di registri è, per Di Matteo, un aspetto costitutivo dell'Occidente per la confluenza del pensiero greco e del pensiero ebraico: il primo caratterizzato da un atteggiamento contemplativo, statico, metafisico, e il secondo da un atteggiamento attivo, dinamico e storico. In quest'ultimo, il racconto e, non di rado, la poesia sono i veicoli principali del pensiero e della teologia. In aggiunta, la tradizione ebraica influisce notevolmente sullo "spirito" della modernità, nel quale si intravede con maggior nitidezza la pervasività del rapporto tra poesia e filosofia.

Smantellando le posizioni ideologiche che tanti critici hanno affastellato su *L'infinito* di Leopardi, **Umberto Piersanti** afferma che la distanza tra poesia e pensiero può essere solo una distinzione a valle, non a monte. L'ideazione poetica è emotiva, immaginativa, percettiva e intellettuale, mentre la caratterizzazione formale, riscontrabile a valle, può sancire una diversa accentuazione delle componenti emotive e razionali. Piersanti, il quale è contro ogni metafisica, rileva che la percezione dell'infinito rientra nello stupore umano dinnanzi alla vastità del cosmo e ancora di più nella consapevolezza della nostra immaginazione che lo trascende: è il segno di una sete tutta umana di libertà e di ricerca. Contro il casuale e l'assurdo che dominano la realtà, l'uomo risponde senza ricorrere a salvifiche favole. Tuttavia, intatta resta la meraviglia e lo stupore d'una natura splendida, avvertita con una totale intensità, come nei versi di Leopardi, ove non si palesa alcuna necessità di opporre sentimento a ragione.

Da un cono prospettico che guarda ai nessi tra filosofia e poesia come a un terreno ove gli apporti sia dell'una sia dell'altra possono essere sprone e ispirazione per il rispettivo campo opposto, si pongono le riflessioni di Pasquale Vitagliano e Andrea Pinotti.

Pasquale Vitagliano fonda la sua disamina sull'opera teatrale *Porcile* di Pier Paolo Pasolini, in quanto essa si ispira a Spinoza, per il quale la Ragione è solo uno strumento per spiegare l'esistenza. Assolto che abbia al suo compito non deve restare che Dio. La tesi che Vitagliano propone è che non vi sia, invece, in Pasolini il rifiuto della razionalità, ma la proposta di una nuova ragione che abbia il suo spazio di possibilità tramite il protagonismo umano, dispiegantesi nel testo, vissuto come unico e autentico spazio di cambiamento. Le leggi del linguaggio, così come la Ragione in Spinoza, permettono di annullare la distanza tra l'autore e l'oggetto della sua scrittura. La Ragione spinoziana è, dunque, uno strumento per cogliere l'essenza delle cose per mezzo del discorso e della deduzione. Spinoza, insomma, riesce a farci 'sentire poeticamente' la filosofia, esprimendosi «in termini di velocità e lentezze, catatonie congelate e movimenti accelerati, elementi non formati, affetti non soggettivati».

L'esplorazione degli scritti di T. S. Eliot è condotta da **Andrea Pinotti** in riferimento al periodo in cui il poeta statunitense, studiando il pensiero filosofico di Bergson, affronta la questione dei rapporti tra il passato, il presente e il futuro. Nel 1919 Eliot afferma che tutta la letteratura europea nel suo complesso ha una simultanea esistenza e forma un ordine altrettanto simultaneo. Per tal motivo, il passato non va assolutamente inteso come un capitolo chiuso e archiviato dell'esistenza individuale e collettiva, quanto piuttosto come qualche cosa che contribuisce a modellare, a configurare e a modificare il presente. Ciò obbliga a ripensare a quel rapporto di causa e di effetto che tendenzialmente si attribuisce alla relazione tra passato e presente, con il primo che è sostenuto e rinnovato dal secondo. Si tratta, specificatamente, della logica bergsoniana della retrospezione: nonostante l'argomento del saggio sia la filosofia del tempo, della storia e della verità, è alla letteratura che Bergson ricorre per illustrare l'argomento cardine, che è, al contempo, l'oggetto d'interesse di Eliot. Pinotti, offre, pertanto, un mirabile esempio di reciproco scambio tra poesia e filosofia.

Gli interventi di Ornella Crotti e di Armando Savignano, attingendo al pensiero filosofico di Arendt e Zambrano, svelano nelle loro opere la medesima ricerca di una comune origine che poesia e filosofia condividerebbero, la quale sarebbe nuovamente da rinvenire.

Ornella Crotti, studia la relazione tra poesia e filosofia vagliando i testi filosofici di Hannah Arendt, i quali sono esemplarmente adornati da splendenti inserti poetici tratti da Pindaro, Goethe, Hölderlin, Celan, Brecht, Dickinson, Eliot, Rilke, Valery, Auden. Tali prelievi consentono ad Arendt di lavorare sulle emozioni, proprio mentre costruisce più saldamente un potente sapere filosofico che elabora le voci di Platone, Aristotele, Nietzsche, Kant, Heidegger, Wittgenstein. Tutta l'opera di Arendt si misura con il pensare e il sentire: il pensare ha bisogno di distanza, mentre il sentire annulla la distanza. Arendt tiene separati i due discorsi, quello poetico e quello filosofico, ma pensa che dal loro affiancamento si possa trarre una migliore capacità di restituire la complessità dell'oggetto vissuto o osservato. Il pensiero ha la capacità di rendere presente ciò che è assente ma vuole anche raggiungere il *senso* che è proprio ciò che non appare mai. Il contributo che la poesia dà al pensiero è quello di far emergere un contenuto sapienziale dal profondo, per donarci spazi di comprensione.

Armando Savignano segnala la necessità per Maria Zambrano di riconciliare, mediante il metodo della ragione poetica, la filosofia e la poesia. L'autrice spagnola scopre che la maggior parte dei luoghi decisivi del pensiero filosofico sono rivelazioni poetiche. Ella ricerca la filosofia che si trova nella poesia, non come pensiero poetico, bensì come filosofia in senso stretto, come modalità dell'esercizio filosofico finora emarginato dalla storia del pensiero. Da una parte è il poeta, che non cerca neppure, perché già possiede ciò che è davanti ai suoi occhi, all'udito, al tatto e a ciò che popola i suoi sogni; dall'altra è il filosofo, il quale se prova stupore di fronte all'immediatezza delle cose, subisce anche uno strappo: ciò lo induce a lanciarsi altrove, verso qualcosa da cercare. Ma la poesia non può separarsi dall'origine, al fine di captare meglio le cose, e perciò si distingue dalla filosofia. In Zambrano vi è la speranza che filosofia e poesia ritornino, come erano originariamente, a fondersi in un *logos* in grado di apprendere una 'verità rivelata e indecifrabile', al di là dell'essere e della creazione. La poesia sarebbe così la forma più pura di realizzazione dell'essenza umana.

Concludiamo l'esplorazione sulla contesa dei due domini, con la posizione di Stefano Iori che, ricollegandosi al pensiero di Aristotele, per il quale l'opera del poeta non è quella di raccontare le cose realmente accadute, bensì le cose che potrebbero accadere secondo verosimiglianza e necessità, ci conduce, con la sua visione propositiva, verso nuovi orizzonti da esplorare.

Poesia e filosofia, per **Stefano Iori**, vivono in quella che potremmo definire una sorta di simbiosi. Il lavoro del poeta non coincide con quello del filosofo che penetra e spiega, piuttosto è colui che attraversa il senso, sempre provvisorio tramite uno *scarto*, ossia attraverso lo spostamento simbolico di senso dall'immediato del banale alla mediatezza del figurale. Il destino del poeta è quello di accogliere la realtà e l'irrealtà, il noto e l'ignoto, il limite e l'illimitato e, in questo, il suo traguardo non è troppo dissimile da quello del filosofo. Le due arti supreme, del pensiero e della parola lirica, costituiscono, nel loro inestricabile intreccio, forme di dialogo rivolte all'ignoto, che sopravanza ogni rappresentazione concettuale. Forse non c'è alcuna verità da raggiungere e dimostrare, ma questo non significa che sia impossibile confrontarsi (dialogare) con ciò che non è propriamente reale e persino con il nulla, soprattutto quando la realtà storica, appare frantumata e assente.

Dalla ricognizione delle posizioni caratterizzanti la mappa che il presente volume delinea, maturiamo la certezza che le modalità e i risultati prodotti dai due percorsi formali della poesia e della filosofia, che a volte s'incrociano, a volte divergono, mostrino inesorabilmente un'ulteriore stratificazione di senso, quello che si addensa lungo la linea dell'orizzonte sperato.

Stefano Iori e Rosa Pierno

Poesia e Filosofia
I domini contesi

Filosofia e poesia, una pretesa somiglianza

Rosa Pierno

Meno che nel Medioevo – epoca nella quale la poesia non figurava né fra le arti liberali né fra quelle meccaniche, poiché veniva concepita come branca della filosofia o della divinazione, ossia non come arte – filosofia e poesia sono sempre tenute distinte, fino alle soglie della modernità. Una nuova relazione interviene tra di esse, a partire dalle tre *Critiche* di Kant, quando viene messo in discussione il principio della Soggettività (relazione del soggetto conoscente con se stesso) il quale s'incarna nella scienza, nella morale, nella vita religiosa, nell'arte. Kant affronta, quale analisi dei fondamenti della conoscenza, il compito di criticare l'abuso della ragione, dinanzi al quale deve giustificarsi tutto ciò che reclama una pretesa di validità. Al posto del concetto della ragione, proprio della tradizione metafisica, Kant distingue dalla conoscenza teoretica le facoltà della ragione pratica e del giudizio estetico, dando a ciascuna un fondamento proprio. L'idea estetica, in virtù del suo senso simbolico e intuitivo, nella quale per Kant concorrono l'immaginazione geniale, la rappresentazione estetica e la ragione non può essere ridotta ad alcuno dei suddetti termini presi singolarmente. Ora, proprio il simbolo è ciò che mostra che l'intuizione è quell'afferramento estetico del senso di una rappresentazione, che è diverso dal concetto che può essere pensato solo dalla ragione, rispetto al quale ogni intuizione sensibile è inadeguata, essendo mediazione tra il sentire e il pensare. È pertanto simbolica, per Kant, quella rappresentazione intuitiva che non riesce a tradurre in concetto la sua eccedenza di senso, che eccede cioè dalle categorie essendo un rapporto mediato tra l'intuizione e il concetto. Ecco, perché in Kant non vi è alcuna teoria dell'immagine e non è possibile addivenire ad alcuna conoscenza estetica.

Hegel, che si trova a operare con una ragione tranciata in tre tronconi, critica Kant per tale scissione e cerca una nuova unità fondata dalla ragione stessa come esigenza peculiare della modernità. A sua volta, Heidegger va in cerca delle esperienze dissolte dalla razionalizzazione, arcaiche o dionisiache che siano, distinguendole dalla totalità oggettivamente pensata (scienza, tecnica, diritto). Per lui, diversamente che per Hegel, la ragione e il suo Altro non prevedono il superamento dialettico della loro contrapposizione, bensì la reciproca esclusione. L'Altro, rimanendo escluso dall'autoriflessivo, indica la via che conduce al di fuori della filosofia del Soggetto, effettuando un oltrepassamento della metafisica dal suo interno. È, dunque, in questo quadro che l'Heidegger di *In cammino verso il linguaggio* (Mursia, 2007) matura la necessità di mettersi in ascolto di un senso, pur dove pare ci sia la sua mancanza, nel regno della *ratio.* Alla ricerca di un pensiero che sia più rigoroso del pensiero concettuale, egli svaluta il pensiero scientifico e la ricerca condotta con metodo. Per questo 'senso', infatti, emerge l'inadeguatezza del parlare, poiché un linguaggio che esprima l'interiorità non può esaurirsi in un'attività concettualizzante, né può esaurirsi nel suono come segno del concetto, poiché si carica di valenze simboliche, emozionali e mnemoniche. Mediante il dire, per Heidegger, i poeti porterebbero a compimento il rivelarsi dell'Essere, mentre la filosofia tradirebbe l'Essere nel porne la verità in senso tradizionale. Se il dire filosofico è basato sulla memoria, anche la poesia è figlia di Mnemosyne, ma una netta distinzione, Heidegger, non vuole porla; tuttavia, egli afferma di non sapere nulla sul dialogo che intercorre tra poeti e pensatori che sembrano vicini, ma restano separati. Anzi, ribadisce che il rapporto tra il pensare e il poetare deve rimanere sospeso. Per il filosofo tedesco, l'uno non si dà senza l'altro: entrambi si radicano in quel dire che si è votato al Non-detto. Heidegger rende, in tal modo, irriconoscibile tanto la filosofia, che viene così sottratta alle patologie di una ambigua razionalizzazione, quanto l'arte, risolutamente soggettivistica, che diviene in tal modo sfondo d'esperienza di una critica radicalizzata dalla ragione. Il pensare essenziale si rifiuta a tutto ciò che è normativo ed empirico e, in generale, a tutte le forme argomentative in quanto si eleva al di sopra di ogni istanza critica.

Per il Garroni di *Senso e paradosso. L'estetica, filosofia non speciale* (Laterza, 1995), Heidegger si muove in una filosofia che è nello stesso tempo estetica a cagione della definizione di quell'esserCi che è apertura al mondo nella pienezza del comprendere e sentire. L'esserCi è avere a che fare con enti ed esperienze determinate mediante quel luogo più originario della verità che è l'estetica. Verità come illuminazione che può avvenire solo nell'esperienza, rispetto alla quale non possiamo porci all'esterno, poiché noi siamo già nel linguaggio e solo a questa condizione possiamo adoperarlo. Ne *L'origine dell'opera d'arte* di Heidegger (Christian Marinotti Edizioni, 2000) troviamo una nozione di opera nella quale agisce un'analogia costante, non risolvibile in identità, tra pensare e poetare, e che viene formulata con un paradosso, come identità di verità e non-verità. Sono queste le condizioni originarie che fanno comprendere che cosa l'arte sia esemplarmente nel suo essere assieme esplicitezza e implicitezza, significato e senso. D'altronde, per Heidegger, il linguaggio stesso è poesia in senso essenziale, solo che nelle poesie, come nell'opera d'arte in genere, in primo piano è proprio l'implicitezza e il senso, o l'indicibile. Non si tratta di un indicibile come un 'al di là' del linguaggio e della stessa comune esperienza, poiché esso si trova all'interno del linguaggio stesso, che lo costituisce come il senso dei significati. Il senso è inscindibile dai significati, non è realizzabile in modo autonomo e non è mai possibile fornire un qualche criterio per identificarlo scientificamente: la sua radice è pur sempre trascendentale ed è la medesima del pensare. Heidegger si mostra sempre incline e sempre restìo a identificare poetare e pensare. Tale vicinanza è essa stessa l'evento in virtù del quale poetare e pensare vengono costituiti nella loro essenza. La loro differenza non si può definire per tratti pertinenti. È l'interna distinzione tra senso e significato.

L'impegno profuso da Heidegger nell'interpretazione della poesia viene approfondito da Gadamer, suo allievo, il quale risolve la questione estetica in un'esplicita ontologia del linguaggio. Il prodotto linguistico viene considerato in quanto esperienza estetica ed ermeneutica della verità. Il carattere ontologico di ogni accadere storico della parola è un attuarsi della sua tradizione, con il suo senso infinito, e al contempo il suo presenziarsi in maniera finita nella parola, ove quest'ultima torna a divenire infinita nella molteplicità delle sue interpretazioni. La verità dell'arte risiede nell'Essere ontologico del linguaggio, ove essa trova il suo fondamento. La poesia si rivela mezzo privilegiato del disvelarsi di tale parola e il suo pensiero coincide con l'Essere del linguaggio. Tale Essere non precede il linguaggio, ma si rivela in esso. Non è in ogni caso, un senso trasparente quello che si dispiega, ma un senso impenetrabile e profondo. In sintesi estrema, la poesia disvela l'abisso del senso. Nella poesia accade ciò che sta per sopraggiungere, ma che non è mai compiuto.

Per il progetto ermeneutico non è più possibile rinvenire l'esistenza di un senso vero in un testo: ora è lo stile a imporsi, divenendo il suo proprio contenuto. Ed è proprio l'osservazione che ritroviamo in Steiner, il quale nel suo saggio *La poesia del pensiero. Dall'ellenismo a Paul Celan* (Garzanti, 2012) cerca «di chiarire in che misura tutta la filosofia sia stile. Nessuna proposizione filosofica al di fuori della logica formale è separabile dai suoi mezzi e dai suoi contesti semantici». Tuttavia, egli non esplicita mai in che cosa consista la specificità della filosofia e della poesia e nemmeno il motivo per il quale vuole provocare il collasso dell'una nell'altra. Dichiara infatti che la lingua della filosofia è una lingua letteraria, non tecnica, al fine di poter affermare che le regole della letteratura prevalgono e che la filosofia pertanto assomiglia alla poesia: «una poesia dell'intelletto» che rappresenta «il punto in cui la prosa arriva quasi a essere poesia». Non c'è, ad esempio, in Eraclito «nessuna distinzione tra scoperta scientifica e forma poetica. Le sorgenti del pensiero sono identiche in entrambe». Per Steiner «La questione è semplice: sia in filosofia sia in letteratura lo stile è sostanza». La poesia «è sommamente se stessa, lì dove più si avvicina alla fusione di contenuto e forma che c'è nella musica». E, nel tentativo di rendere omogenee le due forme, mette in evidenza che l'intera opera di Dante, sia poetica sia prosastica, è «immersa nel linguaggio spesso tecnico, e nelle determinazioni concettuali del filosofico» così come la *Phänomenologie* di Hegel è «uno dei romanzi principali del XX secolo». Per Steiner 'Pensiero poetante' e 'Poesia pensante' sono il cuore dell'ontologia heideggeriana e Hölderlin è colui che realizza la loro fusione. Steiner procede selezionando altre voci nelle quali riconoscere quella «fusione in cui si dispiega l'idea di Musil che la poesia del pensiero è in egual modo il pensiero della poesia». Cita anche Leopardi, per il quale «non c'era poesia valida senza filosofia, né filosofia che valesse la pena acquisire senza poesia». Il critico tenta anche una sovrapposizione fra altri mezzi espressivi (danza, musica, teatro) parlando di ibridi. L'augurio di Steiner è che avvenga presto quella rottura radicale con il passato storico dell'Occidente che porterebbe, finalmente, alla conquista dell'effimero, della «deliberata accettazione del momentaneo e del transeunte».

Abolire la distinzione tra filosofia e poesia sembra pretendere un acritico consenso, mentre Garroni invita a notare la distinzione tra comprendere e narrare (*L'arte e l'altro dall'arte,* Laterza, 2003): se il parlare-scrivere del filosofo e il parlare-scrivere del narratore sono incompatibili e si integrano, si respingono e si attraggono, è più giusto vedere in essi un paradosso, anziché un'assimilazione. Un paradosso che, pertanto, consegue la necessità di specificare i diversi usi dei linguaggi filosofici e narrativi, contro le idee oggi dominanti, le quali sottraggono alla filosofia la capacità di comprensione in senso forte, parificandola alla letteratura. Rorty è stato uno dei più strenui difensori dell'impossibilità di individuare un discrimine tra i due ambiti. Eppure, prosegue Garroni, le distinzioni utilizzate nella vita comune, le quali dipendono da certi tratti pertinenti, non materiali, scelti come criteri, non trascinano necessariamente in quell'ambito metafisico dal quale s'intende fuggire, poiché si tratta semplicemente di condizioni formali, non definitive, ancorché chiamate trascendentali. Presupponendo che sia possibile distinguere il modo di usare il linguaggio, che di volta in volta può essere filosofico o poetico, si tratta di comprendere a quali condizioni si possa definire un testo come ricadente in un ambito o nell'altro, pur riscontrando la presenza in esso di alcuni tratti appartenenti all'altro ambito. È un lavoro che non si comprende mai compiutamente, e che per questo resta aperto al fine di accogliere il non ancora compreso. D'altronde, nel linguaggio sono presenti sia i germi del narrare sia quelli del comprendere. I due diversi ambiti non sono definitivamente separati: ogni testo narrativo presuppone una comprensione che precede il narrare e ogni testo volto alla narrazione fa riferimento a una comprensione. Comprendere mira a un'unità di senso da attingere da una situazione, da uno stato di cose, da un insieme di testi che debbono presupporre una qualche condizione di verità in quanto coerenza logica, dimostrabilità, discutibilità, mentre il narrare può essere anche incoerente dal punto di vista della comprensione. Il narrare non cerca propriamente una verità, ma piuttosto una partecipazione identificante, cioè un qualche valore di verità specificato però in un modo del tutto peculiare.

Contro l'appiattimento della filosofia sulla letteratura, per un suo ruolo conoscitivo che non disdegni la ricerca della verità e che non intenda affatto rinunciare alla differenza di principio tra argomentare e narrare, si pone Habermas, nel suo *Il pensiero post-metafisico* (Laterza, 2006). Egli afferma che nella filosofia e nelle scienze umane il contenuto proposizionale degli asserti non è separabile dalla forma retorica della loro rappresentazione; è però vero che il decostruzionismo, il quale mette in questione la differenza esistente tra le due forme, ritiene che l'orientarsi della filosofia verso questioni di verità non sembra essere un criterio sufficiente per separare filosofia e letteratura. La liquidazione della differenza tra i due generi è dovuta alla svolta linguistica che vuole sopprimere l'eredità della filosofia del soggetto, liquidando assieme ad esso l'autocoscienza, l'autodeterminazione e l'autorealizzazione e perdendo in siffatto modo la propria spontanea forza di produzione del mondo. Il risultato è che i confini tra significato letterale e metaforico, tra logica e retorica, tra discorso veritiero e discorso fittizio si confondono in un flusso testuale indistinto. Il linguaggio viene considerato come evento della verità, dove non alberga più il soggetto. Foucault, portando a compimento la posizione di Heidegger, sostiene che tutte le pretese di verità divengono immanenti al discorso. Una volta che si sia disgregata la soggettività trascendentale, l'anonimato si insedia al centro del flusso in cui i discorsi sottostanno al gioco della sopraffazione.

Il filosofo americano Danto, nel suo libro *La destituzione filosofica dell'arte*, (Aesthetica, 2006) pone la questione della distinzione tra filosofia e letteratura, a partire da Platone, la cui inimicizia con l'arte giunge al punto di relegarla nella sfera del non senso e di renderla estranea alla logica dell'uso e dello scopo che caratterizza la vita umana. Naturalmente, idee filosofiche possono essere contenute anche in un testo letterario, così come è assodato che la filosofia si serva di tutte le risorse retoriche e di tutti i generi (dialogo, epistola, aforisma, satira, autobiografia, compresa la forma del resoconto scientifico), ma non per questo la si può assimilare, come Derrida ha invece fatto, a una metafora, così come d'altra parte appare svilente equiparare la letteratura a qualcosa che è stato svalutato dalla posizione decostruttiva. Danto fa suo il discrimine tra testi teorici e testi letterari, nei quali anche il lettore è chiamato in causa, già definito da Habermas ne *Il pensiero post-metafisico*: «Anche i testi teorici sono in una certa qual misura esentati dall'agire; tuttavia essi si discostano, diversamente che i testi letterari, dalla prassi quotidiana, senza arrestare ai propri margini il trasferimento di validità, senza congedare il lettore dal suo ruolo di destinatario delle pretese di validità sollevate nel testo stesso». Né è da prendere in considerazione l'idea che la letteratura sia un oggetto che solo una lettura ermeneutica possa restituire al suo senso ultimo. Appare dunque ironica la posizione odierna della filosofia, che oggi ha i suoi testi accomunati ai testi letterari, entrambi sviliti, e che invece cominciò la sua carriera definendo se stessa mediante la soppressione della poesia. La dignità filosofica può essere recuperata solo distinguendola dall'arte; problema interno alla stessa filosofia, la cui soluzione si può trovare cercando che cosa la filosofia sia.

Per salvaguardare la propria specificità, la filosofia deve pertanto mettere in atto una serie di strategie per distinguere da sé l'oggetto d'arte. Ad esempio, se il romanzo cerca d'incarnare un'idea che è compito del lettore afferrare, allora leggere equivale a capire qualcosa in più del semplice significato delle parole, anche più del pensiero che il testo può eventualmente esprimere: qualcosa di universale (Aristotele attribuiva la natura degli universali alla poesia, ma non alla storia, essendo le sue asserzioni singolari). E senza distaccarsi molto dalle strutture che caratterizzano la vita. La controprova consiste nel verificare che quando un romanzo voglia essere la semplice espressione di una teoria, e al contempo essere vista solo come testo (anche in questo Danto segue i passi della critica svolta da Habermas nei confronti del libro di Calvino *Se una notte d'inverno un viaggiatore...*) incarnando idee sullo scrivere e riducendo il lettore a colui al quale sono richieste solo competenze di strutturazione e destrutturazione dei sensi, solo in questo caso la filosofia potrebbe essere vista come letteratura. Tuttavia, la bella prosa, la presenza di metafore, in una parola lo stile, non sono ciò per cui ci si rivolge ai testi filosofici, il cui aspetto primario è invece quello di concorrere a costruire l'edificio della conoscenza filosofica. Se metafore sono presenti nei libri di filosofia, esse vengono trasformate, nello sviluppo dell'opera, in termini tecnici. Non si comprenderebbe difatti il percorso filosofico, se esso ponesse il mito alla fine della sua trattazione.

Per quel che riguarda lo stile, Danto segnala che il concetto di verità filosofica e la forma dell'espressione filosofica sono tanto collegate da indurre a pensare che quando si rimanda esclusivamente a forme letterarie, si stia in realtà optando per una concezione di verità filosofica diversa. Inoltre, quando si tratta la letteratura, seguendo la teoria semiotica, credendo che essa non abbia legame con la vita, ma che sia esclusivamente una rete di rimandi testuali (nel senso che un'opera deve essere capita soltanto in rapporto alle altre opere a cui fa riferimento) si commette un errore di pari gravità, poiché la si slega da quel lettore la cui vita viene rappresentata metaforicamente (infatti nessun lettore che non sia provvisto della medesima rete di rinvii testuali dello scrittore, può essere sicuro di avere davvero inteso l'opera). Insomma, per Danto, filosofia e poesia hanno proprietà troppo diverse, tali da non poter essere ritenute forme equiparabili, anche se entrambe sono forme linguistiche.

A questo punto della nostra trattazione, la scelta di ripartire da Jakobson non vorrà riferirsi soltanto alla definizione del linguaggio per cui esso, quando adempie a una funzione poetica, non fa più riferimento al contenuto informativo e alle condizioni di validità, ma alla sua propria forma linguistica; vorrà altresì riferirsi a quella funzione poetica che assume un ruolo predominante e dirige l'attenzione sulla percettibilità del segno, approfondendo la dicotomia tra segni e oggetti. Habermas, ne *Il discorso filosofico della modernità* (Laterza, 1987) ci fa notare come la funzione poetica sgravi gli atti illocutivi della comunicazione ordinaria, determinando una struttura della configurazione linguistica che, quantunque non riesca a liberarsi dai contesti pratico-vitali, fornisce però un'elaborazione esemplare, dischiudente altri mondi. È proprio il divenire riflessivo delle espressioni linguistiche innovative a causare la neutralizzazione delle forze vincolanti illocutive e delle pretese di validità che caratterizzano il discorso filosofico. Derrida nega il regno autonomo della finzione, analizzando qualsiasi testo come se il linguaggio fosse determinato esclusivamente dalla funzione poetica e con ciò finisce per negare sia la specificità del linguaggio normale sia quella del linguaggio poetico. È l'abbattimento del complesso rapporto tra le due funzioni linguistiche a consentirgli di equiparare la filosofia alla poesia e alla critica, disconoscendo in tal modo «lo status speciale che tanto la filosofia quanto la critica letteraria assumono, ciascuna a suo modo, come mediatrici fra le culture degli esperti (scienza, morale, diritto, arte) e il mondo quotidiano». Gli elementi retorici del linguaggio nelle due funzioni linguistiche assumono ruoli del tutto differenti (sono secondari nel linguaggio normale), mentre al livello delle due forme di mediazione, filosofia e critica letteraria, essi sono sottoposti alla disciplina di diverse forme di argomentazione. Chi come Derrida «trasferisce la critica della ragione nell'ambito della retorica per disinnescare il paradosso della sua autoreferenzialità, ottunde la lama della stessa critica della ragione. La falsa pretensione di sopprimere la differenza specifica tra filosofia e letteratura non può condurci fuori dall'aporia».

Rivendicando il carattere intellettuale della rappresentazione intuitivo-poetica, Della Volpe, nel saggio *Critica del gusto* (Feltrinelli, 1964) respinge ogni considerazione metafisica della poesia e dell'arte, ogni 'intuizionismo', 'ineffabilismo' e 'musicalismo', mostrandosi disposto solo all'analisi del loro autonomo modo di significare e di contribuire specificatamente alla verità. Il discorso poetico nella sua autonomia e il discorso scientifico nella sua eteronomia contestuale rimandano entrambi al letterale-materiale, senza il quale non sarebbero possibili. Tuttavia, individuando, esclusivamente nel testo, la rete in cui i significati si specificano vicendevolmente e acquisiscono quel «di più di senso» attraverso il quale la poesia si distingue dal discorso materiale, Della Volpe giunge a distinguere il discorso univoco della filosofia e della scienza da quello polisemico del discorso poetico.

Inutilmente si cercherà nelle analisi dei formalisti russi l'essenza della poesia analizzando le strutture meramente linguistiche (analisi dell'espressione fonica, delle unità semantiche, del livello retorico), poiché la struttura della poesia non è di ordine linguistico, non serve alla comunicazione, trasmette informazioni solo secondariamente. In poesia non si deve agganciare solo il piano della semiotica. Per Kant, una forma artistica è un'idea estetica che, proprio per la sua simbolicità, nessun concetto e nessuna rappresentazione possono dire. Detto altrimenti, la poesia ha una sostanza conoscitiva, ma non la ostenta come fosse un contenuto intellettivo esibito al giudizio logico, bensì essa si mostra nella assolutezza della sua forma, in quanto non può essere sostituita, essendo qualcosa che soltanto quelle parole in quella posizione possono esprimere.

Forma e contenuto nella concezione estetica del sentimento in Benedetto Croce

Sonia Caporossi

Un dualismo problematico

Benedetto Croce espone la relazione tra contenuto e forma in arte e in poesia (o, come anche si dice, tra materia e forma) come una delle questioni più dibattute nell'*Estetica*: «consiste il fatto estetico nel solo contenuto o nella sola forma, o nell'uno e nell'altra insieme?». Egli aveva studiato a fondo la questione della «celebre lotta, che si agita oramai da un secolo in Germania, tra Estetica del contenuto (Gehaltsaesthetik) e l'Estetica della forma (Formaesthetik)», contrapposizione che, nella storia della filosofia, si era sviluppata nell'antagonismo fra due diverse scuole di pensiero: quella herbartiana e quella idealista, schellinghiana o hegeliana che dir si voglia. Era, insomma, un tema tradizionalmente dibattuto che affondava le radici nell'antagonismo fra concezione classica e romantica dell'arte e della poesia. Nel ricordare come forma e contenuto, all'interno della controversia, si fossero caricati dei valori più disparati, spesso addirittura scambiandosi di significato[1], Croce sottolineava la sostanziale confluenza delle

[1] B. Croce, *Estetica*, Adelphi, Milano 1990, pp. 398 – 399: «talvolta, proprio ciò che uno chiama forma, è chiamato da altri contenuto. Si trova ricordato spesso dagli herbartiani in loro appoggio il detto dello Schiller: che il segreto dell'arte consista "nel

varie scuole di pensiero, estetica della forma e del contenuto, dell'idealismo e del realismo, all'interno di «un comune misticismo», un «frastuono in cui i mediocri strepitavano più dei valenti e si attenevano alla loro sola proprietà, le parole»[2]; e "parolai" erano in questo senso, e allo stesso livello, Schelling, Solger, Hegel, Schopenhauer, Herbart e via dicendo. A loro dispetto, dunque, il filosofo tentava in alcune difficili pagine di trovare una soluzione al problema.

Apparentemente, Croce non ha il minimo dubbio nel risolvere la questione di quale sia, fra contenuto e forma, il reale principio di determinazione estetico: «sempre che per materia si è intesa l'emozionalità non elaborata esteticamente o le impressioni, e per forma l'elaborazione ossia l'attività spirituale dell'espressione [...] dobbiamo respingere così la tesi che fa consistere l'atto estetico nel solo contenuto (ossia nelle semplici impressioni), come l'altra che lo fa consistere nell'aggiunzione della forma al contenuto, ossia nelle impressioni più le espressioni». Ciò in effetti sarebbe un'agglutinazione estrinseca e arbitraria di due termini appena giustapposti, in quanto «nell'atto estetico, l'attività espressiva non si aggiunge al fatto delle impressioni, ma queste vengono da essa elaborate e formate». La conclusione, in cui il dettato desanctisiano si evince chiaramente, è una soltanto: «l'atto estetico è perciò forma, e nient'altro che forma»[3].

---

cancellare il contenuto per mezzo della forma". Ma che cosa è in comune tra il concetto schilleriano della "forma", col quale l'attività estetica viene avvicinata a quella morale e intellettuale, e la "forma" dello Herbart, che non penetra e ravviva, ma veste e adorna il contenuto? Lo Hegel, d'altra parte, chiama spesso "forma" ciò che lo Schiller avrebbe chiamato "materia" (Stoff), ossia il materiale sensibile che l'energia spirituale deve dominare. Il "contenuto" dello Hegel è l'Idea, la verità metafisica, elemento costitutivo della bellezza; il "contenuto" dello Herbart è l'elemento passionale e intellettuale, estrinseco al bello. L'Estetica della "forma", in Italia, è l'Estetica dell'attività espressiva; la forma non è né veste né idea metafisica né materiale sensibile, ma potenza rappresentativa e fantastica, formatrice delle impressioni [Croce sta qui parlando del De Sanctis]; eppure s'è udito talvolta confutare questo formalismo estetico italiano con gli argomenti coi quali si combatte il formalismo estetico tedesco, cosa del tutto diversa. E così via [...]».

[2] B. Croce, *Estetica*, cit., p. 399.

[3] Ivi, p. 21.

Questa affermazione tuttavia rende improvvisamente problematica la definizione non solo di cosa sia allora il cosiddetto contenuto, ma di quale ruolo esso giochi, d'ora in poi, nel fatto estetico.

Nell'*Estetica* del 1902, Croce rispondeva dicendo che il contenuto non è affatto un che di superfluo, e che anzi esso è «il punto di partenza necessario del fatto espressivo». Tuttavia, «dalle qualità del contenuto a quelle della forma non c'è passaggio»: il contenuto, in sé, non può possedere qualità determinate o determinabili, perché in tal caso esso e la forma sarebbero una stessa cosa, o meglio, la forma coinciderebbe con la materia, l'espressione con l'impressione, e allora si perderebbe il senso della loro distinzione! Croce è fermo nel ribadire che «il contenuto è, sì, trasformabile in forma, ma fino a tanto che non si sia trasformato, non ha qualità determinabili; di esso noi non sappiamo nulla», ovvero diviene contenuto estetico, cioè trasformabile in forma, solo dopo che si sia effettivamente trasformato. Questo è già un problema; procediamo con ordine.

In effetti, la concezione crociana della 'forma' deriva in larga parte dal pensiero di Francesco De Sanctis: l'arte è 'pura forma' per ambedue. Il percorso estetico che Croce espone è quello che mette in connessione le impressioni e l'espressione con il tramite dell'intuizione, concetto che viene introdotto dal filosofo nell'ambito dell'*Estetica* del 1902, dato che nelle *Tesi fondamentali di estetica come scienza dell'espressione e linguistica generale*, lette all'Accademia Pontaniana nel 1900, si parlava solo di impressione ed espressione e l'intuizione in quanto termine non compariva affatto. Quest'ultima veniva quindi definita dal Croce dell'*Estetica* come «l'unità indifferenziata della percezione del reale e della semplice immagine del possibile», dato che «nell'intuizione noi non ci contrapponiamo come esseri empirici alla realtà esterna, ma oggettiviamo senz'altro le nostre impressioni, quali che siano»; addirittura ciò avviene al di fuori dell'ambiente categoriale kantiano dello spazio e del tempo, se è vero che abbiamo anche intuizioni al di fuori della dimensione spazio-temporale, e che il semplice appercepire lo spazio e il tempo è già una riflessione ulteriore rispetto alla pura intuizione! Per questo Croce affermava che «ciò che s'intuisce, in un'opera d'arte, non è spazio o tempo, ma carattere o fisionomia individuale».

L'intuizione, dunque, non ha niente a che fare con le categorie dell'intelletto; tuttavia, nel tentativo di determinare ulteriormente il fondamento su cui essa riposerebbe, Croce si addentrava nell'*Estetica* del 1902 in un terreno pericoloso, a rischio di confusione. Egli afferma infatti che «dall'altro lato, di qua dal limite inferiore, è la sensazione, è la materia informe che lo spirito non può mai afferrare in sé stessa, in quanto mera materia, e che possiede soltanto con la forma e nella forma, ma di cui postula il concetto come, appunto, di un limite». La materia, presa in sé astrattamente, è meccanismo, passività, limite. Allora, la «forma concreta» si ha solo quando la materia astratta viene «investita e trionfata dalla forma». Per questo Croce scrive: «è la materia, è il contenuto, quel che differenzia una nostra intuizione da un'altra: la forma è costante, l'attività spirituale; la materia è mutevole, e senza di essa l'attività spirituale non uscirebbe dalla sua astrattezza per diventare attività concreta e reale, questo o quel contenuto spirituale, questa o quella intuizione determinata»[4]. A sua volta, ogni vera intuizione o rappresentazione è allo stesso tempo espressione, in quanto «lo spirito non intuisce se non facendo, formando, esprimendo»[5]. Quindi, il nesso suddetto fra impressioni, intuizione ed espressione riposa a sua volta sul dualismo di materia e forma: la materia è il contenuto; la forma coincide con l'intuizione-espressione, cioè consiste nel suggello espressivo che l'artista pone nella sua opera. Il contenuto, allora, non può che rimandare al momento delle impressioni.

Tuttavia, questa concezione della materia comporta già di per sé una serie di problemi, esemplarmente rilevati da Gennaro Sasso. Innanzitutto, «se sul serio la materia fosse in ogni senso informe, e priva altresì del carattere di ciò che in forma è trasformabile; se sul serio fosse tale che di essa il concetto può essere formulato come soltanto di un limite, allora il discorso che la concerne prenderebbe sopra di sé il peso delle aporie che in effetti, da Aristotele a Hegel, gravano su questa figura con-

---

[4] Questa e le citazioni precedenti in B. Croce, *Estetica*, cit., pp. 6 - 9.

[5] Ivi, p. 12.

cettuale, e assumerebbe, in conclusione, il carattere dell'autocontraddittorietà»[6]. In senso metafisico, nella tradizione del pensiero filosofico, la materia è stata considerata come l'ultima sostanza di cui sono fatte le cose, la loro essenza fondamentale. ''Yλη è il termine aristotelico per indicare tale sostrato materiale, ma del resto lo stesso Platone, nel *Timeo*, parla di materia indicandola come un che di nebuloso e difficile da definire, seppure non utilizzando lo stesso termine[7]. La materia è, per Platone, ΄ανάρατον και ΄΄αμορφον, invisibile e senza forma, senza proprietà: il filosofo greco la chiama «ricettacolo di tutte le cose». L'assunto crociano già ricordato, che la materia sia quel quid «informe» e «mutevole», assolutamente indefinibile e di cui non si può dire nulla, sembra insomma coincidere con le caratteristiche tradizionalmente attribuite alla 'materia' in quanto 'sostrato' da Platone e Aristotele. A questo punto può venire da pensare che Croce scambi semplicemente la 'materia' in senso estetico con la 'materia' in senso metafisico-ontologico! Il problema allora diviene evidente: se il nesso intuizione-espressione è concreto, e se l'intuizione a sua volta è sempre influenzata dalle impressioni, come può essere essa stessa affetta da qualcosa di oscuro, inconoscibile, indecifrabile, informe eccetera, come è la materia?

Questo 'inconoscibile' sembra enunciato da Croce alla stessa stregua del kantiano noumeno, non foss'altro che, per Croce, la sensazione, in quanto lo spirito «elabori il suo esser data e lo assuma nella forma pura dell'intuizione», diventa, da irraggiungibile, «forma di conoscenza»: è conoscenza immediata, ingenua e aurorale, il primo grado della

---

[6] G. Sasso, *L'Estetica di Benedetto Croce*, in *Filosofia e idealismo. I. Benedetto Croce*, Bibliopolis, Napoli 1994, p. 242.

[7] Platone, *Timeo*, Mondadori, Milano 1994, cap. 50-51, p. 67: «ciò che deve ricevere totalmente e molte volte in sé stesso le impronte di tutte le cose che sempre sono, conviene che sia per natura estraneo a tutte le forme. Perciò la madre e matrice di ciò che è stato creato visibile e insomma sensibile non dobbiamo definirla né terra né aria né fuoco né acqua né i loro derivati o le loro cause; mentre non sbaglieremo a chiamare tale una forma invisibile e senza contorni, capace di accogliere ogni cosa, partecipe dell'intelligibile in maniera molto oscura e difficile da comprendersi...». Ciò significa che, per Platone, acqua, aria, terra e fuoco non vanno intesi come veri e propri elementi, ma come quattro stati dell'unica materia.

conoscenza in genere. Per Kant, invece, la sensazione è inquadrata nella dimensione categoriale dello spazio-tempo e, per questo stesso motivo, come afferma Sasso, «soltanto in senso generale può qui parlarsi di kantismo»: in effetti, la 'sensazione' è, secondo Croce, di per sé stessa inattingibile; «in Kant invece è la conseguenza dell'*affizieren* che l'oggetto trascendentale fa dell'apparato della sensibilità: sì che, lungi dall'essere identificata con la cosa in sé, ne è piuttosto un risultato, o il risultato [...]. In Kant [...] per l'azione che l'oggetto trascendentale esercita sulla struttura a priori della sensibilità, la sensazione è bensì in qualche modo costitutiva dell'intuizione: che, tuttavia, non la conosce, e piuttosto la ordina spazio-temporalmente, perché, appunto, nel suo quadro categoriale, tanto poco l'intuizione 'conosce' che, senza l'intervento del concetto, sarebbe cieca»[8].

Al di là del fatto che secondo Sasso è inappropriato parlare, per ciò, di un presunto kantismo crociano ortodosso, la questione dell'indicibilità e dell'indeterminatezza della 'materia informe' diviene un problema teoretico abbastanza grave. Sasso enuncia la difficoltà chiaramente: «non è forse vero che per un verso, come in tutto e per tutto privo di determinazioni, l'assolutamente informe dovrebbe essere la stessa cosa di 'niente', mentre per un altro è pur sempre a qualcosa che, per poter essere definito così, richiede di essere riferito? E non è evidente che tutto ciò è impossibile e contraddittorio, perché se è niente, questo non può essere riferito ad alcunché? Non è evidente che ad essere definito informe non è perciò l'assolutamente informe, ma è bensì la materia, la quale deve dunque possedere in sé quanto basti a consentirle il peso di questa definizione? E se è così, non è forse necessario concludere che, per un verso, se sul serio fosse informe, la materia lo sarebbe al punto di non poter nemmeno essere definita così; mentre, se la si definisce così, materia informe, con il sostantivo si toglie l'aggettivo, e con questo si toglie quello?»[9].

---

[8] G. Sasso, *Filosofia e idealismo. I. Benedetto Croce*, cit., p. 241.

[9] Ivi, p. 242 - 243.

Neanche la στέρησις, la 'privazione' aristotelica ha del resto la possibilità di candidarsi come determinazione della 'materia informe', in quanto materia 'priva' di forma: semplicemente perché se la forma mancasse alla materia essendone quest'ultima priva, la forma stessa e non altro sarebbe la determinazione della materia, e proprio mercé questo suo stesso mancare[10]. E ancora: Croce afferma, come abbiamo visto, che il nesso intuizione-espressione è sempre identico a sé in quanto 'forma'; quindi, per questo motivo, il *principium individuationis* per poter distinguere le varie opere d'arte tra di loro è la materia. Ma così si cade in una ulteriore difficoltà, giacché Croce sembra caricare la materia di un compito che le è sempre risultato inadeguato, perché in genere è la forma il *principium individuationis* di qualcosa!

Il filosofo sembra insomma rimanere invischiato in queste difficoltà all'interno dell'*Estetica* del 1902, tanto che in certi passi sembra passare oltre un po' forzatamente, non nascondendo a tratti un certo imbarazzo. Ci sarà un momento nel quale, tuttavia, egli ripenserà il nesso problematico di contenuto e forma e tenterà di dargli una risoluzione che rimetterà in gioco la concezione che Croce aveva fino ad allora tenuto in conto del Romanticismo in senso estetico; ciò avverrà in due fondamentali saggi, *L'intuizione pura e il carattere lirico dell'arte* e il *Breviario di Estetica*, al cui interno Croce riconsidererà il tema del contenuto come 'sentimento'.

Il sentimento come concetto romantico e i suoi risvolti nell'eticità

Il problema del sentimento è sicuramente, dal punto di vista teoretico, uno dei più complessi e dibattuti della filosofia crociana, quello su cui lo stesso Croce si arrovellò a più riprese lungo tutto lo svolgimento del suo pensiero, partendo dall'estetica fino ad approdare ai ri-

[10] Ancora Sasso, *Filosofia e idealismo. I. Benedetto Croce*, cit., p. 243: «proprio con il suo mancare alla materia, e in forza di questo, è la forma a costituire il fondamento necessario del suo carattere: ossia del suo mancare, o esser priva, della forma. Il ché è contraddittorio, perché, posto il concetto dell'assolutamente informe, è impossibile assumere che questo, comunque, abbia un fondamento, e meno che mai, che il suo fondamento sia la forma!»

svolti pratico-utilitaristici del concetto stesso, o, come dice Gennaro Sasso, «il luogo più chiuso e insidioso, o uno dei più chiusi e insidiosi, dell'intero sistema crociano»[11]. Tuttavia noi ce ne occuperemo considerandolo specialmente nel suo nesso con il Romanticismo, senza approfondire un campo di indagine che è già stato *crux desperationis* per molti studiosi.

Il problema del nesso tra forma e contenuto, come abbiamo visto, in qualche modo rimanda al dualismo classico / romantico, ed esso ci indirizza inevitabilmente al tema del 'contenuto sentimentale'. Croce lo tratta all'interno di alcune importanti pagine del *Breviario di Estetica*, quando espone il contrasto tra Romanticismo e Classicismo secondo il dualismo di apollineo e dionisiaco. Infatti, scrive Croce, «il Romanticismo chiede all'arte, soprattutto, l'effusione spontanea e violenta degli affetti, degli amori e degli odi, delle angosce e dei giubili, delle disperazioni e degli elevamenti», accontentandosi e compiacendosi di «immagini vaporose e indeterminate, di stile rotto per accenni, di vaghe suggestioni, di frasi approssimative, di abbozzi possenti e torbidi», non dando cioè eccessivo peso all'aspetto formale, espressivo e stilistico bensì esaltando il versante contenutistico dell'opera d'arte. Dal canto suo, il Classicismo «ama l'animo pacato, il disegno sapiente, le figure studiate nel loro carattere e precise nei loro contorni, la ponderazione, l'equilibrio, la chiarezza», concedendo in definitiva un maggior rilievo alla «bella forma». In ultima analisi, il classicismo tende risolutivamente verso la 'rappresentazione' almeno quanto il Romanticismo tende al 'sentimento'. I due partiti per Croce danno luogo alla vera poesia solo nella loro superiore unità esprimendo così «un sentimento gagliardo, che si è fatto tutto rappresentazione nitidissima». È per questo che il filosofo può utilizzare in queste pagine una formula con la quale viene a rielaborare le asserzioni precedentemente esposte nell'*Estetica* ampliandole di senso: «ciò che dà coerenza e unità all'intuizione è il sentimento». Il sentimento dunque viene ora identificato come il contenuto stesso dell'arte e della poesia, la materia formata, tanto che Croce può definire l'arte in genere «un'aspirazione chiusa

[11] G. Sasso, *Filosofia e idealismo. I. Benedetto Croce*, cit., p. 246.

nel giro di una rappresentazione» in quanto essa è «sempre lirica, o se si vuole epica e drammatica del sentimento». Infatti, ciò che viene ammirato nelle opere d'arte non è altro che «la perfetta forma fantastica che vi assume uno stato d'animo»[12]. Qui Croce ridiscute il punto nevralgico, l'assunto fondamentale delle sue prime teorie estetiche: la definizione dell'arte come intuizione pura gli sembra ora troppo esigua, ed egli tenta allora di dare un nome a quel contenuto-materia evanescente e fugace di cui aveva parlato nell'*Estetica*, concedendogli un rilievo e un significato direttamente correlato al concetto stesso di 'liricità': l'arte come intuizione lirica è quella in cui prevale il tema soggettivo, in cui si fa spazio l'espressione di uno stato d'animo, ovvero la personalità dell'artista, il suo interesse, il suo appassionamento; in questo senso l'aggettivo 'lirica' esprime l'elemento soggettivo e sentimentale necessario alla dicibilità dei rapporti fra contenuto e forma, fra intuizione ed espressione.

In questo modo, il concetto di sentimento, di chiara ascendenza romantica, va a coprire due vuoti lasciati a suo tempo dall'*Estetica*: innanzitutto, Croce ora si domanda se l'arte poetica come intuizione possegga in effetti un principio vitale che la animi. Egli risponde rivelandoci cosa sia finalmente la materia o impressione nell'arte col definirla «contenuto sentimentale»: il sentimento dice 'cosa' l'intuizione intuisce e dà così 'carne e sangue' a una concezione estetica che rischiava di dileguare esangue. In secondo luogo, Croce ripensa la configurazione del concetto di intuizione così come l'aveva delineata nell'*Estetica* (un'intuizione 'bella' ma in fondo 'evanescente' e vuota di contenuto), concedendole ora 'corpo' e 'anima' sentimentale e superando, mercé questo 'riempimento', il carattere aurorale e primigenio dell'intuizione stessa così come l'aveva esposta nel libro del 1902. Allora il sentimento non è altro che il principio vitale dell'opera d'arte, lo stato d'animo attraverso cui l'artista si pone di fronte alla sua opera, l'elemento passionale e commosso del suo sentire, proprio per ciò co-

---

[12] Questa e le citazioni immediatamente precedenti in B. Croce, *Breviario di Estetica - Aesthetica in nuce - Il carattere di totalità dell'espressione artistica - Le due scienze mondane: l'estetica e l'economica*, Adelphi, Milano 1992, pp. 42 - 45.

municabile al fruitore che lo rivive in sé in un comune fondo di umanità.

Tuttavia, il sentimento di cui parla Croce, lungi dal dover essere considerato nel suo immediato significato romantico, non può certo coincidere con quello di uno Stürmer impetuoso ed irruente: esso è piuttosto un sentimento 'contemplato', ossia non immediato, giacché, come scrive nell'*Aesthetica in nuce*, nonostante il Romanticismo sia servito come giusta e legittima ribellione contro il Classicismo freddo e senza cuore, bisogna sempre evitare l'eccesso sentimentale come «squilibrio dell'arte verso l'immediata espressione delle passioni e delle impressioni»[13]; degenerazione che invece comporterebbe un attacco romantico contro gli equilibrati ed armonici valori della sana 'classicità'.

È per questo che, ancora nel *Breviario*, Croce può affermare che la tradizionale distinzione fra contenuto e forma altro non è che una 'passività economica', un errore da emendare concettualmente: contenuto e forma, infatti, nonostante possano certo essere individuati e distinti all'interno della singola opera d'arte con una semplice operazione di analisi, tuttavia non possono essere separatamente qualificati come artistici: la loro separazione è una mera astrazione in quanto veramente artistica e cioè concreta, come ormai sappiamo, è soltanto la loro unità relazionale, la loro sintesi a priori nell'opera d'arte. Il filosofo scrive in una intensa pagina: «l'arte è una vera sintesi a priori estetica, di sentimento e immagine nell'intuizione, della quale si può ripetere che il sentimento senza l'immagine è cieco, e l'immagine senza il sentimento è vuota». Questo significa che «sentimento e immagine, fuori dalla sintesi estetica, non esistono per lo spirito artistico»; ovvero, possono certo esistere separati in altri campi dello spirito, ma non nell'arte. Allora è indifferente definire l'arte stessa come forma piuttosto che come contenuto; ciò che preme sottolineare è infatti la necessità di concepire l'arte (esemplarmente, l'arte poetica) come una sfera spirituale in cui «il contenuto è formato e la forma è riempita», in cui «il sentimento è figurato e la figura è figura sentita»[14].

---

[13] B. Croce, *Breviario di Estetica - Aesthetica in nuce ecc.*, cit., p. 227.

[14] Ivi, pp. 53 - 54. Come scrive nella stessa pagina, solo in ossequio al De Sanctis e

Perciò, se il sentimento è ora visto come principio vitale dell'arte, si spiega anche la rivalutazione dell'estetica mistico-romantica che Croce aveva operato all'interno della Conferenza di Heidelberg del 1908: essa sembra preparare il campo alla successiva rivalutazione del tema sentimentale che il filosofo opererà nel *Breviario di Estetica* (il quale porta in calce la data del 1912). Non solo: tale conferenza sembra in qualche modo connessa alla revisione del concetto di sentimento che egli attuerà, nello stesso periodo in cui essa veniva scritta, all'interno della terza edizione dell'*Estetica*, tanto che Mario Reale può individuare nel 1908 «l'annus mirabilis» della filosofia crociana, un anno «un po' lungo certo [...] che comincia alla fine del novembre 1907 e termina la mattina del 17 gennaio 1909, quando la *Logica* è interamente terminata»[15]: periodo in cui Croce, stendendo la *Filosofia della Pratica*, la *Logica*, la terza edizione dell'*Estetica* e la Conferenza di Heidelberg[16], ripenserà molti dei problemi sollevati nell'*Estetica* stessa dando ad essi adeguato svolgimento sistematico.

In questa terza edizione dell'*Estetica*, rielaborando il decimo capitolo, Croce vuole svincolare il sentimento dalla mera 'passività' naturale e organica operando ciò che Reale chiama una «riconduzione del sentimento ad attività economica». Il 'problema' in fondo era quello di «trovare un

---

alla sua concezione della "forma" in quanto autonomia dell'arte Croce acconsente a chiamare l'estetica dell'intuizione con il nome di "estetica della Forma".

[15] M. Reale, *L'utile e la morale nell'Estetica di Croce*, in AA. VV., *Storia, filosofia e letteratura. Studi in onore di Gennaro Sasso*, Bibliopolis, Napoli 1999, p. 678.

[16] Come scrive M. Reale, *Sull'Intuizione pura e il carattere lirico dell'arte di Benedetto Croce*, in *La Cultura. Rivista di filosofia letteratura e storia*, Bologna, 3/2003, p. 40: «la conferenza di Heidelberg recepisce, sebbene implicitamente, due svolte di fresca data: la nuova collocazione del sentimento nell'attività economica, e l'unità circolare del teoretico e del pratico, conquistata nella *Filosofia della Pratica* con un'inserzione seriore. Ora, per la prima volta, nonostante parziali anticipazioni o preannunci [...] Croce si trova a esporre, sistematicamente, e in sede estetica, una concezione che, riguardando una sostanziale modifica del "contenuto" dell'arte, solo ora divenuto in realtà dicibile, ha riflessi, di necessità, sulla stessa "forma", e si configura, per aspetti non marginali, come nuova. E inizia di qui l'implicita decisione di Croce di svolgere d'ora in poi, fino a *La Poesia*, la sua estetica "per saggi" senza rimettere mano sostanziale all'ormai giovanile trattato di *Estetica*».

posto al sentimento [...] risolvendolo nelle forme dello spirito». In questa sede, il filosofo risolve provvisoriamente la questione concependo il sentimento come una «speciale attività (non conoscitiva) che ha i suoi poli, positivo e negativo, nel piacere e nel dolore», in quanto essa consisterebbe nella «più elementare e fondamentale attività pratica», ossia «l'attività (o volizione) economica, distinta dalla forma etica»[17].

Tuttavia, elaborando contemporaneamente il tema del sentimento all'interno della *Filosofia della Pratica*, Croce di fatto ne attuava la distruzione come attività negandolo in quanto forma spirituale, mentre invece, in sede estetica, egli era proteso a far assumere al sentimento «l'intero peso dell'attività e della passività, configurandosi come il reale luogo di battaglia della dialettica crociana, o come la vita stessa dell'attività»[18]. Se nella *Pratica* il filosofo ne attuava la negazione, nell'*Estetica* invece il sentimento veniva a incarnare il problema stesso dell'indeterminato, sollevando il nodo cruciale di ogni sistema dialettico, cioè il problema del momento del 'negativo' e del passaggio tra le categorie: 'negativo' che, nella tarda riflessione crociana, prenderà l'aspetto e il nome della 'vitalità'. Si tratta, come abbiamo accennato, di problemi aporetici e spinosi che non debbono riguardarci in questa sede[19]; tuttavia si può comunque proporre una riflessione su come, forse, non sarebbe «troppo azzardato sostenere che, mezzo secolo dopo, il vecchio Croce, teorizzante una 'Vitalità cruda e verde, selvatica e intatta da ogni educazione ulteriore' e una 'Vitalità già domata e regolata dalla morale' sia alle prese proprio con il problema dei suoi esordi fi-

---

[17] M. Reale, *L'utile e la morale nell'Estetica di Croce*, cit., pp. 684 – 685.

[18] Ivi, pp. 683 - Ibid., pp. 684. In effetti, nel cap. II della Sezione Prima della *Filosofia della Pratica* Croce nega autonomia e positiva validità alla categoria del sentimento: tra sfera teoretica e sfera pratica, infatti, non è possibile individuare una terza sfera dello spirito. Il sentimento non è né «classe psicologica» né «stato dello spirito», per cui il suo concetto deve essere rinviato all'indeterminato e al semideterminato, cioè a una specie di informe anticipazione o preannuncio dell'espressione.

[19] In effetti, per Reale (Ivi, p. 686), «il problema del sentimento nasce in sede estetica, a proposito dell'impressione (contenuto, materia) che l'espressione cattura nella sua forma o esprime, e vi introduce complicate aporie», come abbiamo visto grazie all'ausilio dell'analisi di G. Sasso.

losofici, dalle *Tesi* all'*Estetica*»[20], ovvero con il tema del sentimento come rientrante nella sfera dell'utile e della sua complessa e problematica implicazione con la sfera della morale.

Al di là delle difficoltà teoretiche della questione, il punto veramente rilevante ai fini della nostra indagine consiste nella possibilità che Croce possa essere arrivato, come suggerisce Mauro Boncompagni, a «formulare la propria estetica conferendole una portata sempre meno naturalistico-soggettiva e sempre più, invece, ontologico-veritativa». Ciò nel senso che dalla Conferenza di Heidelberg del 1908 a *La Poesia* del 1936 Croce avrebbe tentato, mercé il tema del sentimento, di «attribuire uno spessore ontologico via via più marcato a quel concetto di intuizione che nel 1902 era rimasto, per così dire, abbandonato a sé stesso»[21]. In effetti, come è ormai chiaro, una delle conquiste concettuali più importanti dell'*annus mirabilis* 1908 sembra essere per Croce quel «sentimento dell'artista» come «criterio supremo per distinguere le opere d'arte vera da quelle di arte falsa, le indovinate dalle sbagliate», in quanto «l'artista deve avere un proprio stato d'animo effettivamente provato e non meramente immaginato, perché l'immaginazione, come sappiamo, non è opera di verità»[22]. Infatti, come vediamo scritto nel *Breviario di Estetica*, per Croce «ciò che ammiriamo nelle genuine opere d'arte è la perfetta forma fantastica, che vi assume uno stato d'animo; e codesto chiamiamo vita, unità, compattezza, pienezza dell'opera d'arte»[23]. Lo stato d'animo insomma, quello effettivamente provato, reale e non soltanto immaginato (giacché nella pura immaginazione non c'è alcun riscontro veritativo), permette all'essere umano, tramite l'arte, di ripiegare su sé stesso in una interiorizzazione che abbia il valore di «un invito all'uomo perché si riappropri delle radici del suo stesso essere»[24].

---

[20] Ivi, p. 667.

[21] M. Boncompagni, *Croce e il problema di una ontologia dell'Arte* in AA. VV., *Aesthetica Pre - Prints*, Aesthetica Edizioni, Palermo 1983, p. 50.

[22] B. Croce, *Problemi di Estetica e contributi alla storia dell'estetica italiana*, Laterza, Bari, 1966, p. 17 e p. 27.

[23] B. Croce, *Breviario di Estetica*, cit., p. 45.

[24] M. Boncompagni, *Croce e il problema di una ontologia dell'Arte*, cit., p. 51.

Tuttavia questa concezione del sentimento è passibile di ulteriori approfondimenti anche in un altro senso. Il ripensare la 'materia–contenuto', nell'*Estetica* ancora caratterizzata dall'indicibilità, intoccabilità, inconcepibilità, poteva far ricadere la materia stessa nell'ambito di una risoluzione intellettualistica, esiliandola quindi dalla sfera estetica propriamente detta; giacché, a rigore, chi o cosa poteva 'dire' questa materia 'indicibile' perché 'informe', se non la filosofia stessa in quanto teoresi? Croce sembra voler ovviare anche a questo inconveniente modificando la concezione dell'intuizione pura col renderla pregna di un principio vitale che non sia scisso dualisticamente da essa, bensì le sia perfettamente omogeneo[25].

Il sentimento, insomma, è una specie di cerniera, di *medium quid* fra ciò che ci colpisce nella sfera sensibile e la nostra sensibilità stessa, fra Natura e Spirito, fra passività e attività; e può esserlo proprio per sua conformazione essendo composto dai due poli opposti del piacere e del dolore. L'ambito proprio del sentimento, nelle intenzioni del Croce della terza edizione dell'*Estetica*, doveva essere la sfera economica dell'utile, dominata dalla tensione della volontà che vuole sé stessa per qualsivoglia scopo le vada a genio. Tuttavia, facendo rientrare il sentimento nella sfera della volontà economico-pratica, il filosofo poi avrebbe incontrato enormi ed evidenti difficoltà a porlo di nuovo nella sfera estetico-teoretica. L'obiezione si rende infatti lam-

---

[25] Si può riflettere su come, per Croce, la materia venga "prima" in senso logico rispetto alla forma, e come per Kant invece la forma venga "prima" della materia. La nostra sensibilità per il filosofo tedesco contiene già le intuizioni pure a priori dello spazio e del tempo. Croce non può accettare questa soluzione dualistica tra un noumeno inconoscibile e un fenomeno che si presenta giocoforza come monco, perché viziato dal noumeno inconoscibile proprio sul quale esso si dovrebbe fondare. In qualche modo Croce mostra di avere ereditato la polemica antidualistica dalla tradizione fichtiana e schellinghiana, concependo qualsiasi dualismo come il "peccato capitale" della filosofia. Proprio per evitare questo "due" kantiano egli deve allora affrontare il problema di risolvere il dualismo stesso fra Natura e Spirito. Ma così facendo, come si diceva nel precedente paragrafo, il filosofo italiano dalla materia–contenuto dell'Arte va a cadere nella ΄ύλη della metafisica greca, che è materia inconoscibile, senza forma, continuamente fluente, ricettacolo platonico di tutte le cose, qualcosa insomma di demiurgico di cui non si può dire nulla.

pante: se all'arte è necessaria la compresenza del momento classico dell'intuizione e del momento romantico del sentimento, e se, come afferma nell'*Estetica*, l'essenza stessa dell'arte poetica consiste nella sua intuibilità, che è di natura teoretica, come possiamo dunque tenere insieme un elemento teoretico (l'intuizione pura) con un elemento pratico (il sentimento)? È il problema del passaggio dall'una all'altra sfera, quello stesso che ha travagliato secoli di pensiero filosofico, da Kant a Cartesio alla μέθεξις di Platone.

Detto per inciso, Croce dovrà introdurre il concetto di 'circolo' proprio rendendosi conto di questa impedente difficoltà ad attuare, all'interno della dialettica dei distinti, un tale passaggio dal teoretico al pratico. La primitiva soluzione, il nesso condizione-condizionato, era all'evidenza insufficiente[26]. Infatti, se «l'indipendenza è un concetto di relazione» e perciò «ogni forma e concetto particolare è indipendente per un verso e dipendente per un altro», non potendo lo spirito consistere «in una serie di assoluti giustapposti»[27], allora forma e contenuto, classico e romantico, intuizione e sentimento, tutti i dualismi finora enumerati si debbono risolvere all'interno del cosiddetto circolo estetico.

Come si vede da questi brevi accenni, il tema del sentimento è sotterraneo e pertinente a tutto l'impianto del pensiero crociano, dove si insinua creando ovunque non poche obiezioni e difficoltà e introducendo giocoforza la soluzione 'circolare' del sistema. Nel caso della sfera estetica l'arte, che dovrebbe essere la forma primitiva e aurorale del conoscere, il primo stadio teoretico in quanto tale, arriva al para-

[26] B. Croce, *Breviario di Estetica*, cit., p. 77 – 78: "sembra che non vi sia altro modo di pensare l'indipendenza e dipendenza insieme delle varie attività spirituali che di concepirle nel rapporto di condizione a condizionato, in cui il condizionato superi la condizione presupponendola, e, diventato poi a sua volta condizione, dando luogo a un nuovo condizionato, costituisca una serie di svolgimento. A questa serie non ci sarebbe da imputare altro difetto, se non che il primo di essa sia condizione senza un precedente condizionato, e l'ultimo un condizionato che non diventa a sua volta condizione, con doppia rottura della legge stessa dello svolgimento. Anche questo difetto per altro viene risanato, se dell'ultimo si fa la condizione del primo e del primo il condizionato dell'ultimo; cioè se la serie si concepisca in azione reciproca o, per meglio dire [...] come circolo".

[27] Ivi, p. 76 - Ibid. p. 77.

dosso di fondarsi invece sul sentimento, che non solo prende così le sembianze di una forma già formata, ma per di più di natura pratica e quindi estranea all'arte stessa! Proprio per controbattere a questa difficoltà Croce deve introdurre il tema del «circolo ideale ed extratemporale», il quale permette il passaggio della sfera dell'arte nella sfera morale: «l'uomo-artista», infatti, «che ha compiuto il processo di liberazione dal tumulto sentimentale» (tramite la contemplazione del sentimento stesso) «e questo ha oggettivato in un'immagine lirica», trova in quest'immagine la sua soddisfazione, e tuttavia non può fermarsi ad essa. Infatti, l'artista si era mosso «verso l'immagine e verso altro insieme, verso l'immagine in quanto uomo-artista, e verso altro in quanto artista-uomo»[28]. Questo 'altro' è la dimensione storica come «coscienza del realmente accaduto» e la filosofia come «coscienza dell'universale»[29]. «Il nostro è pensiero storico di un mondo storico», dirà poco più avanti Croce. Nell'incessante movimento circolare delle forme dello spirito, ogni svolgimento è processo per un nuovo svolgimento e dà luogo a una sempre «nuova realtà, che è vita economica e morale, e cangia l'uomo intellettuale nell'uomo pratico, nel politico e nel santo, nell'industriale e nell'eroe, ed elabora la sintesi a priori logica nella sintesi a priori pratica; ma che è pur sempre un nuovo sentire, un nuovo desiderare, un nuovo volere, una nuova passionalità, nella quale neppure lo spirito può fermarsi e che sollecita, anzitutto, come nuova materia, una nuova intuizione, una nuova lirica, una nuova arte»[30].

Proprio per questo il sentimento può essere concepito non come un particolare contenuto, bensì come «l'universo tutto guardato *sub specie intuitionis*», nell'affermazione del rapporto stretto fra arte e morale, negato come immediata identificazione dell'una nell'altra e tuttavia riconosciuto nell'affermazione che «ogni poeta, nell'atto che crea, è morale, perché adempie un ufficio sacro».

---

[28] B. Croce, *Breviario di Estetica*, cit., pp. 78 - 79.

[29] Croce introduce questo passaggio tramite il concetto di "percezione" come "sintesi di rappresentazione e categoria, di soggetto e predicato", come "sintesi a priori logica" che appartiene perciò a un ben diverso campo spirituale rispetto all'arte.

[30] Ivi, p. 85.

Nel saggio del 1917 intitolato *Il carattere di totalità dell'espressione artistica*, Croce compie un ulteriore passo avanti: caratterizza il sentimento ancora come contenuto dell'opera d'arte ma ampliandone il significato, da un senso 'lirico' a un senso 'cosmico', sottraendogli cioè qualsiasi implicazione particolaristica per farlo assurgere a valore universale e riuscendo così a spiegare come possa la proprietà più comune dell'uomo divenire fondamento della Grande Arte.

Il contenuto sentimentale dà infatti alla forma artistica «l'impronta della totalità, l'afflato cosmico»[31]. Nell'intuizione artistica, infatti, «il singolo palpita della vita del tutto, e il tutto è nella vita del singolo; e ogni schietta rappresentazione artistica è se stessa e l'universo, l'universo in quella forma individuale, e quella forma individuale come universo. In ogni accento di poeta, in ogni creatura della sua fantasia, c'è tutto l'umano destino, tute le speranze, le illusioni, i dolori e le gioie, le grandezze e le miserie umane, il dramma intero del reale, che diviene e cresce in perpetuo su sé stesso, soffrendo e gioiendo»[32].

In un saggio del 1918 intitolato *L'arte come creazione e la creazione come fare*, Croce trova una frase aforistica di grande impatto per sottolineare in che modo debba essere intesa tale 'totalizzazione' dell'arte grazie al sentimento: «quel ch'è vita e sentimento deve farsi, mercé l'espressione artistica, verità»[33]: questo significa che il sentimento nell'arte deve totalizzarsi attraverso un trascendimento di sé stesso dal ristretto ambito della particolarità fino al carattere dell'universalità che lo rende umanamente comunicabile. Proprio in virtù del fatto che «l'arte [...] non riproduce alcunché di esistente, ma produce sempre alcunché di nuovo», allora «l'esperienza artistica diventava segno vivente di una impenetrabile originarietà in virtù della quale destino umano e destino cosmico venivano intuitivamente riconsegnati al suolo del proprio fondamento ontologico, venivano esibiti nella radice più riposta del loro stesso essere e insieme trasfigurati»[34]. Il fondamento

---

[31] B. Croce, *Il carattere di totalità dell'espressione artistica*, in *Breviario di Estetica - Aesthetica in nuce*, cit., p. 155.

[32] Ivi, pp. 152 - 153.

[33] In B. Croce, *Nuovi Saggi di Estetica*, Laterza, Bari 1920, p. 150.

di questa trasfigurazione artistica del destino dell'uomo e del cosmo non è altro, in definitiva, che l'eticità, la legge morale: «legge universale, posta al centro del mondo che essa frena e regge»[35], come scrive Croce stesso nel saggio su *Goethe*.

Il richiamo all'eticità della poesia è evidenziato da Croce perché «se la forza etica è, com'è certamente, forza cosmica e regina del mondo che è mondo di libertà, essa domina per virtù propria; e l'arte, con quanta maggiore purezza rifà ed esprime il moto del reale, tanto più è perfetta; quanto più schiettamente è arte, tanto meglio ritrae la morale delle cose stesse»[36].

Questo fortissimo richiamo di Croce al valore morale dell'arte e della poesia significa che, in arte, non importa tanto che il bene trionfi, quanto che il sentimento particolare venga trasceso nell''afflato cosmico' che lo rende universale ed ecumenico, contro ogni ripiegamento egoistico dell'uomo nella bieca 'vitalità'.

---

[34] M. Boncompagni, *Croce e il problema di una ontologia dell'Arte*, cit., p. 53.

[35] B. Croce, *Goethe*, Laterza, Bari 1946, vol. I, p. 100.

[36] B. Croce, *Nuovi Saggi di Estetica*, cit., pp. 126- 127.

L'enigma della poesia

Flavio Ermini

Lo smarrimento

L'essere umano è prigioniero di una terra arida e desertica, dove viene smarrita ogni speranza. È lo smarrimento la vera dimensione della vita. Ne dà conto la poesia, la cui voce nomina la dolorosa condizione umana, ferita dall'esilio. Ce lo indica la poesia, il cui canto modula il tema della solitudine che all'esilio si accompagna.

In questo scenario, ci allontaniamo sempre di più dalla situazione emotiva della nostra origine, dove ancora vivono, grazie al cielo, le ragioni del cuore.

La fragilità

Il vero male consiste nel non fare i conti con le nostre passioni, nello sfuggire all'attrito della vita. Questa è la nostra vera disgrazia.

La poesia impone invece di accettare la finitezza e la fragilità costitutive della nostra esistenza; impone di vivere ora e qui la nostra morte futura, come se ogni momento fosse l'ultimo; impone di decidersi finalmente per una vita autentica.

Al cospetto del vero

La poesia ci porta al cospetto del vero e lì ci impone di imparare a vedere oltre le apparenze. Ci induce a un'esperienza che può rivelarsi essenziale, ma anche profondamente dolorosa: ci chiede di rinunciare alla bellezza per abbracciare la verità e coglierne il sostanziale movimento.

La poesia ci esorta ad abbandonare il mondo abituale e illusorio delle apparenze per aderire a un mondo intimamente fondato su una forza infiammante: un fuoco ardente che incendia e spalanca la vita; un fuoco dove insieme vigono splendore e tenebra.

La poesia ci invita a non lasciarci irretire dal mondo visibile; tanto da indurci a rifare il mondo dall'inizio, facendo leva sulla sua essenza.

La poesia evidenzia che la verità non può essere scambiata con quello che vediamo comunemente intorno a noi. Il *vero* – al cui cospetto la poesia ci porta – è colto nell'estremo impeto del suo rivelarsi, sempre traumatico, assimilabile all'improvvisa crepatura di uno specchio. Sarà quella crepatura il mezzo per gettare il nostro sguardo nell'abisso dell'animo umano e così scorgerne la natura e il destino.

Il mistero del dolore

Nella poesia domina l'alterità. Ci sono la complessità e la profondità che l'essere umano fa sempre più fatica a reggere. Il calcolo e l'interesse ordiscono il nostro mondo e noi diventiamo dimentichi di noi stessi per non disperare.

Terrorizzato dalla morte, l'essere umano impiega ogni forza per occultarla. Ed è così che il mistero del dolore resta velato. È così che disimpariamo ad amare.

La poesia ci chiede di non sottrarci all'enigma della nominazione. Ci chiede di non vedere il mondo come terra di conquista e di conflitto, ma come terra da amare e da accogliere. Qui, amore e morte invitano a una danza armonica, che si configura come sperimentazione d'identità. Siamo incamminati su una terra pericolosa, che si costituisce come vero e proprio banco di prova per gli umani, luogo di avventura: uno spazio in cui si cerca ciò che è stato represso e censurato dalla modernità e dalle macchine.

La nostra fragilità

La poesia evidenzia la dolorosa cifra di quel *vero* che emerge in tutta la sua intollerabilità. Sottolinea che la sofferenza passa, ma non passa mai l'*aver-sofferto*. È ribellione che si fa grido e pianto, e che mai diventa cenere. È necessario approfondire il proprio stato di esseri umani, posti di fronte a un'esistenza che si rivela nella sua sostanza sempre più dolorosa, sempre più buia.

L'esperienza del dolore – una condizione di vita propria a ciascuno di noi – espone violentemente il mortale all'evidenza della propria precarietà e apre varchi inaspettati di riflessione.

Con la poesia ci troviamo di fronte a qualcosa di ostile e terribile, a quell'*incomprensibile* che minaccia la coerenza delle percezioni e rivela un doppio movimento (regressivo e, insieme, progressivo) verso il caos originario. Oscurità e luce, nelle loro misteriose alleanze, offrono un unico spettacolo: la nostra fragilità. Tra oscurità e luce si svolge un dialogo che si configura come canto alternato, dove di volta in volta una parola o un gesto aderiscono alla verità e sulla verità dicono tutto quello che è necessario dire; lasciano scorgere sulla pagina una traccia di ciò su cui abitualmente – per viltà del pensiero, per ignavia del cuore – viene steso un velo.

Oltre le ingannevoli apparenze

L'invito che la poesia ci rivolge è questo: lasciare il mondo delle illusioni e delle apparenze per abbracciare la propria essenza. Ovvero: abbracciare ciò che fa di un essere umano *un essere umano vero*.

Il mondo che malamente calpestiamo è ingannevole e il nostro compito sta nel ridiscendere nelle sue viscere.

Tutto ciò che noi conosciamo giorno per giorno – alla luce abbagliante del giorno – è il già-disvelato. È il non-vero.

Il vero si trova là dove persiste oscurità. Là, dove le tenebre sono più fitte, dove solo la parola poetica può dire qualcosa di sensato.

Il tramonto

L'essenza non fugge più la terra, ma la cerca. Il tramonto non è più l'anticamera delle tenebre, ma il crepuscolo del ponente verso il levante. La nostra stessa morte non è più la fine, ma l'abbandono della vecchia forma dell'uomo. Siamo deportati in un *tempo-senza-tempo*, in una sorta di brusio che costituisce il fondo abitato di noi stessi. Ciò che scompare continua ad apparire, vivente al nostro cospetto. Così come ciò che appare continua a scomparire.

In questo modo la poesia ci ricorda la nostra fragilità essenziale. Ci ricorda che il tempo, così come noi lo misuriamo, non può essere considerato il perno della nostra vita autentica. Anche il tempo fa parte delle apparenze. Abbandonarsi al corso del tempo, alla sua corsa insensata, significa vivere a metà.

Tornare a vivere

Le parole hanno il compito di far esistere qualcosa che prima non c'era. Se quelle parole non esistessero, il mondo intorno a loro non avrebbe luogo. Come accade? Questo è l'enigma della poesia.

Con la poesia ci troviamo di fronte al più deciso rifiuto di un dire valutativo e, allo stesso tempo, alla più netta affermazione della necessità di un dire *naturale*, strettamente connesso all'*essere*. Non dobbiamo accontentarci di un abitare illusorio, ma chiedere il *vero* abitare: chiedere cioè l'adesione appassionata al vivere e all'oscuro dolorare di tutte le cose, nella loro abissale essenza. Qui, molte grida si levano dalla terra, scolorisce il cielo, la linea dei passi non è più retta. Qui, scrivere vuol dire tornare a vivere.

È necessario decidersi per una vita autentica. Non è più in questione qualcosa come la felicità o la festa. La vita umana non può essere intesa nei suoi caratteri propri fintanto che la si riduce a mezzo per raggiungere la quiete, l'assopimento. La poesia ci porta al cospetto dell'oltranza, al suo segreto accesso. Ci porta lontano dal limitato sapere degli uomini; che *limitato* è perché distingue, divide; e dividendo riduce, diminuisce. La poesia ci parla di quel caos indistinto e incomprensibile da cui l'esistenza ci trae alla vita e al quale la morte ci riconsegna.

L'essere nella sua indeterminatezza

La poesia ci parla di un tempo indefinito, aurorale, dove ogni evento è in relazione con tutti gli altri, come se l'esplosione della materia e la sua disposizione su una linea temporale dovessero ancora venire o non dovesse venire affatto.

Insomma, al tempo lineare e uniforme di chi si lascia vivere, nella poesia subentra il tempo originario e autentico che riconosce l'esistenza individuale esclusivamente in rapporto con il tutto.

La poesia ci parla del giorno venuto prima che l'uomo comparisse. E immagina che *quel giorno* la figura umana sia stata desiderata e generata per penetrare il segreto del *perché è*; e per individuare la traccia di quella parola che consente di tradurre ciò che si vede in un mondo da abitare.

Comprendiamo così che va stretta alleanza con quella *figura umana* generata originariamente quale forma in grado di dare voce alla natura comunicando con essa; inducendola così a realizzarsi, ad attuarsi, prendendo in tal modo coscienza dell'indefinito albale, dell'indistinto troneggiante che mantiene in sé. Sarà attraverso la natura che l'essere tornerà a parlare: l'essere che comprende, l'essere che intende, l'essere nella sua indeterminatezza.

Tra natura e testo

C'è un'evidente consanguineità tra natura e testo. Vige tra natura e testo un complesso rapporto sororale. Natura e testo si rincorrono, si sfiorano, scambiandosi reciprocamente vesti, sembianze. Tanto che s'indovinano nel testo fiamme e cenere, azzurro e verde, acque e terre.

Indoviniamo nella natura le parole, ma anche il silenzio. E nel silenzio cogliamo l'eco lontana dei primi accordi di una precisa armonia: l'inizio di ciò che sarà perché *deve essere.*

È a iniziare da qui che la parola poetica ripensa la natura e il testo in maniera autentica, nel rispetto assoluto di ogni altra vita.

La bellezza

La bellezza è il frutto inatteso dell'incontro con il diverso: un incontro in cui ognuno ha cura degli altri viventi, umani e non umani. In tal modo, assistiamo al manifestarsi di una lingua fino a questo momento assente.

La vera porta d'accesso al mondo

L'incompiuto connota l'intera realtà. Tanto che, nel testimoniare questo limite, la poesia normalmente procede a salti e balzi digressivi; commenta tramite note a margine e postille l'esistenza, attratta com'è dall'indeterminato, dalla forma aperta.

Va in direzione contraria la poesia, impegnata com'è a *dire* questa frammentaria realtà, puntando su un'aura di completezza formale, sul finito, su un'armonia che si rivela nell'articolarsi dei testi come la vera porta di accesso al mondo.

La compiutezza della poesia evidenzia una totalità sempre mancata, mette in luce il carattere irregolare e frammentario del mondo. Si presenta come una specie di officina in cui viene forgiato un processo di scrittura che non si distingue per imitare la realtà – e dunque rispondere alla frammentazione con la frammentazione, all'oscurità con l'oscurità –, ma piuttosto si configura come un'esperienza-limite della lingua: nella sua determinatezza.

Ci troviamo alfine di fronte a qualcosa d'intatto e di nuovo, a uno sgorgare dal profondo, al fluire nel donarsi. Insomma, a una parola che non deve pagare nessun "pegno" alla realtà. L'ordine qui è il fuoco nascosto di un'ellissi poetica amplissima, molto complessa.

L'essenza fondamentale

Collocandosi tra il *sé* e il *fuori-di-sé*, senza distinzione, la poesia vuole indurci a ritrovare noi stessi non come individui, ma come parte integrante della natura; intende spingerci a ravvisare in noi l'essenza che è a fondamento di tutte le cose. Ecco allora che l'apparenza potrà dissolversi e la profondità disvelarsi. Ecco allora che l'essere umano sarà di tale profondità il vero testimone: *solidale* con gli altri esseri e *determinato* nel riconoscimento di una comune lingua, oltre che *consapevole* del potere di sovversione che è proprio di questo evento.

Le soglie del visibile

La poesia si configura come un movimento verso l'*ulteriorità*. Un movimento che induce a sottrarci da qualcosa che sta in superficie per indagare l'interiorità. Questo movimento manifesta due versanti del dire. Uno si prende cura della forma a tutti visibile delle cose; l'altro si rivolge all'*informe* proprio delle immagini illeggibili.

La poesia va in cerca dell'ulteriorità e non nasconde i tratti di questa ricerca. Mette a nudo il passaggio in atto tra l'al di là e l'al di qua del visibile, interpretato come finestra e schermo rispetto al mondo.

Ogni poesia mostra qualcuno che è partito o che è in procinto di partire; dice la mancanza o l'eccesso di sottrazione. Un lutto? No. Al contrario la celebrazione della *diversità* che è propria del fare poesia.

Il carattere di magia

Angoscia e sofferenza caratterizzano l'epoca contemporanea, tanto da indurci all'apatia farmacologica.

La poesia impone una presa di posizione di rilevante responsabilità: non accettare lo scacco e dire una parola che esprima gli spostamenti dell'anima in profondità.

Come? Abbracciando l'idea di raggiungere la struttura poetica dell'esistere, la miracolosità dell'esistenza, quel carattere di magia che è proprio di ogni parola quando viene liberata dalla gabbia della semplice nominazione.

Sul crinale

La parola poetica incede sul crinale dove il venir meno della vita coincide con l'affacciarsi della morte. Qui la parola poetica si offre alla capacità di pensare quel "tra" che le due condizioni – vita e morte – trattiene. In questa capacità non si dà alcun limite, tanto che vi possono essere contenute sia le cose visibili sia quelle immaginabili. In questa capacità si dà il modo di afferrare i caratteri precipui della natura umana, quando la natura umana si svincola dalla prigione dei corpi e rivela la propria intima essenza.

La parola poetica ci parla del sottrarsi dei corpi dai legami che definiscono la loro limitatezza e al loro affidarsi a un'ubiquità che si estende ovunque e senza interruzioni.

Scavare nell'aria

Va prestata attenzione alle voci che mormorano sul crinale che nella distinzione unisce la vita alla morte. Vanno rese nuovamente intelligibili. Così si propone di fare la parola poetica, testimoniando che vita e morte non si limitano a stare una di fronte all'altra. Fra di esse vi è un passaggio, un "tra" abitabile, quell'ambito oscuro in cui tutto è ancora *limite* e in pari tempo è smembrato in incalcolabili, indefiniti frammenti. Qui hanno luogo, insieme, il regno della morte e il grembo materno da cui ogni vita si leva e viene alla luce. Qui convivono l'unità e la varietà delle cose; l'interezza e i singoli esseri.

Incomparabile, indescrivibile è ciò che vi accade. Non c'è un dire adeguato a questa svolta. Si può solo accennarla, come fa la parola che scava nell'aria, prima di affidarsi al vento, prima d'interpellarci.

Scavare nell'aria, per affidarsi a una transitorietà incessante, dove vive lo spirito che avverte cosa vuol dire essere imperituri grazie a un alfabeto.

Scavare nell'aria, per andare alla ricerca dell'essere che tra la vita e la morte si distende, e lì permane, irraggiungibile a ogni richiamo che non sia quello poetico.

Sì, perché *tutta* la natura vive. *Tutta*, anche quanto in essa apparentemente è senza vita, perché invisibile. Di questa invisibilità la poesia si fa caparbiamente espressione, e ce ne parla da un crinale che comunemente si crede inesistente, o troppo esiguo per essere abitato.

L'esercizio del respiro

La poesia è un vagare senza direzione, dove cogliere ciò che è privo di storia e di identità accertabile. Il suo cammino rispecchia il moto apparente dell'esistenza umana: frutto dell'immediatezza e subito sommersa nell'oblio, tanto da rivelarsi priva di memoria.

Una sospensione è la vita degli esseri umani. Una sospensione che si manifesta tra un "non ancora" e un "non più". La poesia è l'esempio di un'esistenza che è ovunque, in ogni atto; non vuole più distinguere tra il respiro della vita e il soffio della letteratura. La poesia ci dice che vita e opera costituiscono un'unità indissolubile.

Lo scrigno del senso

La poesia ci rivela che il mondo che ci attornia non è a noi preesistente: non appare prima della parola, come superficialmente si pensa. Dove non c'è la parola non c'è alcuna cosa. Dove non c'è parola nessuna cosa può essere pensata. Solo nella parola – unicamente all'interno del linguaggio verbale – le cose si fanno presenti. Senza la parola il mondo non fiorisce, non si manifesta. Senza l'incanto della parola non è possibile custodire le cose, preservarle dalla corruzione, dalla scomparsa. È lo scrigno che preserva ciò che ci attornia dall'usura. In un intreccio di scrittura e suono, si colloca ai margini del dicibile e del significabile. La parola poetica è pronunciata da labbra che sanno di essere uno stadio umano provvisorio, precursore di un profilo ancora in via di formazione, una frase transitoria dell'individualità.

L'incontro con l'altro

Nella poesia il linguaggio delle parole s'intreccia con il linguaggio del silenzio e dà vita al dicibile e all'indicibile nelle cose che si ergono davanti a noi. La poesia è aperta all'accoglienza e alla speranza, tanto che grande e bruciante è la nostra responsabilità di esseri linguistici.

Quando il silenzio diventa parola, quella parola può affascinarci con i suoi colori, con le sue risonanze emozionali, ma può anche ferirci, richiamando intorno a noi angosce e fragilità.

La poesia non può consistere nel soliloquio di una voce, chiusa nell'intimo sentimento di un'emozione, persa nella ricerca di un timbro, di un colore. La poesia si rivolge a un "tu", chiamato a rispondere in prima persona all'appello che viene dal testo; un "tu", invitato a portare a destinazione il messaggio di verità che la poesia racchiude.

Le vie di accesso sono impervie e richiedono l'installarsi di una voce nella realtà delle cose. Lo scopo è quello di amarci. Il fine è quello di creare l'antiterra in cui vivere.

Lontana da ogni intimismo, la poesia va intesa come esigenza di dialogo, come un interrogare radicale che a noi si rivolge al fine di rompere il nostro isolamento nell'incontro con l'Altro.

Tra poesia e pensiero

Danilo Di Matteo

È rimasta scolpita nella mia memoria la ripresentazione da parte del compianto filosofo e matematico Giulio Giorello, negli anni Ottanta del Novecento, su una rivista di divulgazione scientifica, di una domanda solo in apparenza bizzarra: noi umani possiamo concepire una 'scoperta' nel sogno? Il materiale onirico può offrire spunti e suggestioni, si intuisce facilmente. Ma può contenere, almeno *in nuce*, un pensiero nuovo o la soluzione di un problema? Ecco; in tale interrogativo, a cui vari autori hanno provato, nei secoli, a rispondere, è racchiusa una parte non trascurabile della questione del rapporto tra poesia e filosofia.

La poesia, infatti, come il sogno segue una logica sua propria, distinta da quella 'diurna'. Il pensiero scientifico e filosofico, ad esempio, normalmente tende a *discernere*; il contenuto onirico, invece, spesso è il frutto del *condensare*. Esso si forma infrangendo le classiche 'unità' di luogo, di tempo e d'azione e raggruppando o fondendo immagini, ricordi, situazioni secondo una logica sui generis e seguendo percorsi imprevedibili e inediti. Tuttavia il punto cruciale è: si tratta di due strade destinate a non incontrarsi mai? Sembra proprio di no. Non di rado le grandi scoperte, soprattutto quelle in grado di mettere in crisi i *paradigmi consolidati* e considerati ovvi e di 'buon senso', paiono scaturire da intuizioni folgoranti. E persino nel linguaggio giornalistico spesso, a proposito di nuovi modi di porsi, di nuovi atteggiamenti e approcci, di analisi e ricerche che dischiudono prospettive e orizzonti originali, anche sul terreno sociale o politico, si parla di *visioni*.

Assai interessanti, al riguardo, sono le considerazioni dello psicopatologo Mario Rossi Monti, che prova a cogliere qualche *analogia* tra il delirio e la scoperta scientifica, pur nella ferma consapevolezza delle profonde differenze fra le due esperienze. «L'elemento centrale di questa analogia è rappresentato da una successione: una prima fase dominata da dubbi, confusione, perplessità, perdita di punti di riferimento; una seconda fase caratterizzata dall'acquisizione subitanea di un punto di riferimento nuovo, chiaro, certo, indubitabile, che ristabilisce ordine nel caos»[37]. E ancora: «Il cosiddetto vissuto della scoperta costituisce un'esperienza ubiquitaria rintracciabile sia nel contesto della scienza sia nel contesto della psicopatologia. In effetti è sorprendente constatare come molte descrizioni date dagli scienziati dei processi che li hanno condotti alla scoperta siano molto vicine ai protocolli nei quali si annotano le esperienze che hanno condotto a un delirio. La descrizione dell'emergenza di un'idea nuova, che 'appena emersa a livello della coscienza già appare adatta a completare il mosaico delle conoscenze precedenti col tassello che risolve il problema' (Somenzi, 1981), richiama alla mente la sensazione che 'tutto si spiega, tutto torna' provata dallo psicotico nella fase di ingresso nel delirio»[38]. Naturalmente dalle descrizioni degli scienziati e dei pensatori emerge anche che l'istante della 'folgorazione' è preceduto da un lavorio lungo e faticoso, da una sorta di gestazione: *continuità* e *rottura*, dunque, sono momenti complementari ed essenziali della 'scoperta', dell'acquisizione di qualcosa di nuovo.

Per avere un'idea dei sentieri impervi e ogni volta a loro modo selvaggi del sogno, della poesia e dell'impresa scientifica o filosofica, può senz'altro aiutarci la classica distinzione proposta da Sigmund Freud tra *processo primario* e *secondario*. A caratterizzare quest'ultimo, corrispondente al pensiero 'ordinario', consueto, 'diurno', 'logico', è soprattutto il principio di non contraddizione. Se è vero, ad esempio, che

---

[37] M. Rossi Monti, *Forme del delirio e psicopatologia*, Raffaello Cortina Editore, Milano 2008, p. 7.

[38] Ibid.

Napoli è una città italiana, non può essere vero che non sia una città italiana. Nel sogno e nella poesia barriere del genere possono essere infrante. Così nel gioco o nel mito. O, talora, nello sforzo del pensiero volto a dimostrare che quella che sembrava fino a ieri una contraddizione era in realtà solo una contraddizione apparente. I paradossi, concepibili anche, per l'appunto, come contraddizioni apparenti, svolgono non a caso una funzione cruciale nella storia della filosofia (chi non ricorda il paradosso di Zenone?). Essi, se vogliamo, servono a oltrepassare certe strettoie del pensiero, che lo imbrigliavano. Nella poesia o nel sogno, per dirne un'altra, posso trovarmi *contemporaneamente* in città *e* in campagna, a Pechino *e* a New York. Tali evenienze 'fantastiche', ecco uno dei punti decisivi, pur restando tali, possono alimentare *l'immaginazione* e spronare ad esempio il tecnologo a concepire e mettere a punto le 'realtà virtuali'. Ormai tutti sanno cosa si intenda per 'villaggio globale' o in che senso 'il mondo' sia 'un villaggio': si tratta di una frase considerata ovvia, non se ne scorge più l'intrinseca contraddizione (un villaggio *non* è il mondo, e viceversa). Detto altrimenti: *la metafora* è parte integrante della nostra vita. Cosa resterebbe del linguaggio quotidiano o dei linguaggi specifici della filosofia, della politica, delle scienze umane, delle stesse scienze naturali senza la similitudine e la metafora? Eppure la fucina delle metafore e delle similitudini resta la poesia; essa è il loro regno, accanto al sogno. Ascoltiamo Freud: «Ciò che è represso psichicamente, ciò che nella vita vigile è stato ostacolato nella propria espressione dalla *reciproca eliminazione delle contraddizioni*, ed escluso dalla percezione interna, trova nella vita notturna, e sotto il dominio delle formazioni di compromesso, mezzi e vie per imporsi alla coscienza»[39]. E noi oggi sappiamo che il confine tra quei due 'processi', tra quei due modi di pensare, tra quelle due 'logiche' è quanto mai poroso, sfumato e contraddistinto da reciproche 'contaminazioni': c'è pensiero nella poesia e poesia nel pensiero. E, come in realtà fra coscienza e inconscio si può intravedere una varietà quasi infinita di stati di coscienza, così fra pensiero 'logico' e poesia si ha una prateria sterminata di possibilità, di

---

[39] S. Freud, *L'interpretazione dei sogni*, Bollati Boringhieri, Torino 2000, p. 549.

forme espressive, di registri di comunicazione, di sentieri di ricerca e, in definitiva, di 'logiche'. Del resto, poniamo, chi ha dimenticato *le ragioni del cuore* di un pensatore come Blaise Pascal? «Il cuore ha le sue ragioni, che la ragione non conosce». E ciò ci condurrebbe lontano, al rapporto tra *sentimento, ragione, fede.*

In ogni caso quel che si dice e quel che si scrive – si tratti di filosofia, di racconti o di poesia – consentono di comunicare, di intenderci, di condividere. E questo è il piano *orizzontale*, per dir così. Nel contempo danno voce e forma all'animo umano, scaturiscono dalle nostre viscere, esprimono ciò che siamo, ciò che ciascuno di noi è. E qui potremmo parlare di un piano *verticale.*

Riguardo al linguaggio filosofico, poi, trovo preziose le considerazioni di Ágnes Heller. Ascoltiamo: «La filosofia è un genere letterario al pari del dramma e del romanzo, è uno speciale tipo di letteratura con le sue norme e regole di composizione – norme che possono essere modificate solo entro certi limiti [...]. Il genere letterario filosofico in voga prima del periodo contemporaneo, almeno sino a Hegel incluso, era quello della costruzione di sistemi, tale per cui la filosofia metafisica coincideva con la filosofia [...]. Nel periodo cosiddetto postmoderno lo stile filosofico è costituito in particolare dal conflitto con i sistemi metafisici, con la distruzione o decostruzione della metafisica»[40]. E ancora, a proposito della tendenza dei filosofi, oggi, ad abbandonare gli 'ismi': «Intendo concludere con un aneddoto: ero con Foucault alla New York University negli anni ottanta, stavamo per lasciare una festa, quando uno studente gli chiese se fosse strutturalista o post-strutturalista. Egli rispose: 'Io sono Michel Foucault'. Questa era la sola risposta possibile: la sua è una filosofia personale»[41]. Da qui, fra l'altro, l'inclinazione di alcuni autori a tornare agli aforismi (dico 'tornare' in riferimento ad esempio ai presocratici) e, più in generale, ad attenuare la rigidità dei confini rispetto alla 'narrativa' o alla stessa poesia.

La capacità del pensiero di esprimersi in una pluralità di registri, del

---

[40] Á. Heller, *Per un'antropologia della modernità*, a cura di Ugo Perone, Rosenberg & Sellier, Torino 2009, p. 99.

[41] Ivi, p. 104.

resto, non è, per l'Occidente, solo un'acquisizione o un approdo. Tutt'altro. È inscritta nelle sue origini, ne rappresenta un aspetto costitutivo, è un suo attributo essenziale. L'Occidente, infatti, si articola a partire dal confronto dinamico e dalla tensione fra *Atene* e *Gerusalemme*, tra mondo greco e cultura ebraica. E in quest'ultima il racconto e, non di rado, la poesia sono i veicoli principali del pensiero e della teologia. Non solo: proprio la tradizione ebraica influisce notevolmente sullo 'spirito' della modernità. Non a caso Sergio Quinzio sottolinea il passaggio, «per azione dello 'spirito pratico-giudaico', da un atteggiamento contemplativo, statico, metafisico, a un atteggiamento attivo, dinamico, storico»[42].

Volgiamo per un istante lo sguardo ai *Libri poetici* della Bibbia. Più di mille disquisizioni, essi illustrano il senso del nostro discorso. *Giobbe* esprime l'indicibile sofferenza fisica e morale degli umani, la tragicità della loro condizione al cospetto di un Dio che sembra lontano ed evitante. Di più: al cospetto di un Dio che, almeno all'inizio, sembra essere il mandante di tutto quel dolore, di tutto quel male. E il *Cantico dei Cantici* è la narrazione poetica di una storia di infinito amore e di infinita passione; di una storia di incontenibile attrazione. E che dire dei *Salmi*? Essi danno voce al rapporto difficile, tormentato, struggente tra gli esseri umani, pieni di dubbi e tormenti, e il loro Dio. Essi ci dicono che la *fede* è *relazione*. Non li comprenderemmo appieno e non capiremmo tutto ciò se ignorassimo l'idea del *tempo* propria della civiltà ebraica. Ascoltiamo il teologo e filologo Pinchas Lapide: «Gli indo-germani applicano la tripartizione drastica di qualsiasi cronologia, che è aliena allo spirito della lingua ebraica: passato, presente e futuro. L'ebreo vive il tempo come un fiume che non conosce il presente, ma solo un fluire continuo dal passato al futuro, tanto che anche nei profeti d'Israele è difficile stabilire, sul piano puramente grammaticale, se parlano di un atto della Salvezza di Dio avvenuto nel passato, oppure di una promessa ancora da venire, perché passato e futuro sono amalgamati come in un fiume che non si arresta mai. *Panta rhei*, tutto scorre

---

[42] A. Neher, *L'esilio della parola. Dal silenzio biblico al silenzio di Auschwitz*, Marietti, Casale Monferrato 1983, Introduzione, p. 10.

nella concezione ebraica del tempo [...]. Il fiume, ecco cos'è: non fermarsi mai. È il principio dinamico; l'ebreo non si ferma mai, è così innamorato del futuro che il nome impronunciabile di Dio, il tetragramma, non è altro che una forma verbale del futuro: un avere effetto nel futuro, che rivela speranza e dice pienamente 'sì' a ciò che deve ancora accadere»[43].

E a riprova della pervasività del rapporto tra poesia e letteratura in generale e filosofia è suggestivo far riferimento a un altro figlio dell'Occidente: Ugo Foscolo, poeta, scrittore ed espressione dei paradossi e delle contraddizioni di tutti i tempi e, insieme, di quelle della modernità e dell'età contemporanea. Ascoltiamo un passaggio cruciale della celebre lettera da Ventimiglia: «Così grido quand'io mi sento insuperbire nel petto il nome Italiano, e rivolgendomi intorno io cerco né trovo più la mia patria. Ma poi dico: Pare che gli uomini sieno fabbri delle proprie sciagure; ma le sciagure derivano dall'ordine universale, e il genere umano serve orgogliosamente e ciecamente a' destini. Noi argomentiamo su gli eventi di pochi secoli: che sono eglino nell'immenso spazio del tempo? Pari alle stagioni della nostra vita mortale, pajono talvolta gravi di straordinarie vicende, le quale pur sono comuni e necessari effetti del tutto. L'universo si controbilancia. Le nazioni si divorano perché una non potrebbe sussistere senza i cadaveri dell'altra»[44]. E in seguito: «Lorenzo, sai tu dove vive ancora la vera virtù? In noi pochi deboli o sventurati; in noi che dopo avere sperimentati tutti gli errori, e sentiti tutti i guai della vita, sappiamo compiangerli e soccorrerli. Tu, o compassione, sei la sola virtù! tutte le altre sono virtù usuraje»[45]. Come aggiunge Christian Del Vento, alle «virtù plutarchiane, che aveva cominciato a mettere in dubbio nelle pagine del proemio agli *Uomini illustri di Plutarco*, datato simbolicamente '1 gennaio 1801', Foscolo sostituisce due nuove virtù somme: la compassione e il pudore;

---

[43] V.E. Frankl e P. Lapide, *Ricerca di Dio e domanda di senso. Dialogo tra un teologo e uno psicologo*, Claudiana, Torino 2006, p. 75.

[44] U. Foscolo, *Ultime lettere di Jacopo Ortis*, Introduzione, testo e commento a cura di M.A. Terzoli, Carocci, Roma 2013, p. 217.

[45] Ivi, p. 220.

somme non già perché fondate su un principio universale di giustizia naturale, ma perché frutto delle passioni, soprattutto di quell'istinto primordiale di conservazione che spinge l'uomo a riunirsi in società»[46]. Enzo Neppi, dal canto suo, riferendosi all'insieme della produzione letteraria foscoliana, nota che essa «celebra spesso coloro che si sacrificano per salvare la patria in pericolo, mai quelli che vivono o muoiono per realizzare nuove conquiste. Foscolo ammira gli eroi sconfitti o caduti (da Aiace a Nelson), mai i vincitori e i conquistatori. Come ci insegnano gli ultimi versi dei *Sepolcri*, il suo eroe è Ettore, non Achille»[47]. Neppi, inoltre, sottolinea che, benché «inseparabile dalla sua esperienza poetica e dal suo impegno politico, la componente propriamente filosofica della riflessione foscoliana non ha invece mai suscitato tutto l'interesse che merita. La presente edizione dell'*Orazione* nasce da questa constatazione e si pone come principale obiettivo un riesame del pensiero di Foscolo. La critica ha riconosciuto da tempo la necessità di considerare l'autore delle *Grazie* come un poeta di dimensioni europee, degno contemporaneo di Goethe, Byron, Hölderlin e Keats, con i quali fra l'altro condivideva una passione non soltanto retorica e strumentale per i miti e i valori del mondo antico. Ma tale riconoscimento non si è esteso al pensiero di Foscolo. Nessuno ha veramente cercato», pur nella consapevolezza che egli non fosse uno studioso sistematico e minuzioso, «di collocare la sua visione del mondo in una prospettiva europea, di considerarla come una risposta a problemi simili a quelli che si erano già posti prima di lui autori come Hume, Voltaire, Rousseau e Kant (oltre ovviamente a Vico)»[48].

[46] C. Del Vento, *Le "Ultime lettere di Jacopo Ortis", la Francia e la Rivoluzione*, Université Sorbonne Nouvelle – Paris 3, p. 24.

[47] E. Neppi, *Foscolo e la Rivoluzione francese. Momenti e figure del pensiero politico foscoliano*, Université de Grenoble Alpes / GERCI, ultima pagina.

[48] U. Foscolo, *Dell'origine e dell'ufficio della letteratura. Orazione*, Introduzione, edizione e note di E. Neppi, Leo S. Olschki, Firenze 2005, pp. 7-8.

Leopardi: un irriducibile materialista

Umberto Piersanti

Il pensiero di Leopardi è stato il più strattonato della nostra storia letteraria: ognuno tentava di mettergli addosso un distintivo che con il recanatese spesso non c'entrava molto o per niente, ma che rispondeva al pensiero, meglio ancora all'ideologia, dell'interprete di turno.

Iniziamo da una considerazione fondamentale: la materia, scrive Giacomo nel frammento apocrifo di Stratone di Lampsaco (una delle *Operette morali* più rivelatrici della *Weltanschauung* del recanatese), è sempre esistita e sempre sarà: tutti gli esseri nascono e muoiono rientrando nella materia che è eterna. La materia non ha avuto bisogno di nessuno che la creasse. Direi che questa è l'affermazione più precisa e importante che impedisce ogni approccio metafisico e trascendente. Non è certo il solo momento dell'opera leopardiana in cui viene negata con forza ogni dimensione metafisica e religiosa. Il comportamento della ginestra dovrebbe essere un esempio per l'uomo, un invito a non ricercare la salvezza in un'illusione di tipo trascendente: «e tu, lenta ginestra......più saggia / ... tanto meno inferma dell'uom, / quanto le frali / Tue stirpi non credesti / o dal fato o da te fatte immortali». Dunque, come la ginestra, dobbiamo accettare la verità e la durezza delle 'cose' senza inutili lamenti e senza l'alterigia di vane proteste.

Altrove Leopardi ironizza sulle noiose beatitudini del paradiso cristiano che s'intravedono dietro la critica delle astrazioni neoplatoniche.

Qualcuno ha trovato nel vento de *L'infinito* una qualche presenza divina, altri hanno parlato, come Pietro Citati, di misticismo cristiano o islamico, altri ancora precedentemente di un'immersione panica di tipo induista o buddista; ritengo che la percezione dell'infinito rientri nello stupore umano dinnanzi alla vastità del cosmo e ancora di più della nostra immaginazione che lo trascende: a mio parere il divino non c'entra.

Anche l'aspirazione del pastore-Leopardi di «volare nel cielo / e noverar le stelle ad una ad una» non è indizio di una pulsione verso il trascendente, verso una dimensione 'celeste' e spirituale come ha creduto un noto commentatore giornalistico molto amato e ricercato dalle scuole italiane, ma segno di una sete tutta umana di libertà e di ricerca. Avevamo visto precedentemente il tentativo di Luporini di dare una fisionomia molto progressista, quasi 'pre-marxista' al grande recanatese. Certo, Leopardi è più vicino ai liberali ottocenteschi che ai conservatori e ai reazionari come dimostra la sua elezione a deputato nell'Assemblea nazionale di Bologna durante i moti liberali dell'Italia del 1831. Non c'è mai, però, quella fiducia nelle «magnifiche sorti e progressive» che contraddistingueva gli intellettuali liberali italiani. Nessuna scontata fiducia sull'immancabile progredire della storia che il marxismo hegelianamente persegue sostituendo alla categoria dello Spirito quella dell'Economia.

Più convincente mi sembra la tesi di Timpanaro di un titanismo leopardiano: contro il casuale, l'assurdo che domina la realtà, viene spesso evocata la necessità da parte dell'uomo di contrapporsi senza ricorrere a salvifiche favole e senza infantili lamenti sulla durezza della sorte.

Leopardi è un materialista convinto: si potrebbe tracciare una sua ascendenza filosofica da Lucrezio fino a D'Holbach ed Helvetius. Ogni forzatura spiritualistica mi sembra sbagliata: e inoltre dovrebbe cessare la tendenza di mettere al recanatese una propria giubba ideologica: e quest'ultima affermazione vale anche per gli interpreti marxisti e affini.

Nella tradizione italiana, dominata dal cattolicesimo, il termine "materialista" ha sempre avuto una connotazione profondamente negativa e, aggiungo, impropria. Materialista diventerebbe colui che non ha valori (almeno quelli condivisi dal pensiero comune). Il che è assurdo: ci sono persone che non credono in una dimensione trascendente, ma che hanno affrontato la prigionia e la morte per il loro ideali. Un esempio tra i tanti è Antonio Gramsci. Non credere in un dio non vuol dire non credere in nulla.

C'è, però, uno iato tra la *Weltanschauung* e il modo di avvertire il mondo e le cose che non so se possa essere indicato da un'altra parola tedesca, Erlebnis.

Certo la natura è matrigna non in quanto malvagia, ma in quanto assolutamente indifferente alla sorte degli umani. La distruzione di Pompei ed Ercolano da parte del Vesuvio non è diversa dalla strage di formiche che fa un pomo cadendo sulla loro buca. Rimane però la meraviglia e lo stupore d'una natura splendida, avvertita con una totale intensità come in questi versi che raccontano in modo insuperabile la bellezza della stagione più cantata dai poeti: «primavera dintorno / brilla nell'aria, e per li campi esulta, / sì ch'a mirarla intenerisce il core».

Pasolini, Spinoza e la ‘buona’ Antropocene

Pasquale Vitagliano

Che cosa immensa è il mio amore.
Non posso dirti chi amo, ma non è questo che interessa.
Mai oggetto di passione amorosa è stato così infimo, per dir poco.
Ciò che conta sono i suoi fenomeni,
La profonda deformazione che essa ha causato in me,
Che non è degenerazione, sia chiaro, perché se così fosse,
Tu l’avresti compreso,
Ricavandone, giustamente, schifo o pena.
Non si è spento niente nella mia vita.
Lo dico senza orgoglio, ma con stupore;
O semmai con l’obiettività di uno studioso.
Ora, questi fenomeni sono così belli, così esaltanti,
Una cosa unica, da non potermene mai liberare un istante,
Neanche dal pensiero.
Non è una cosa che capita nascendo, vivendo, no.
Insomma, in essa non c’è niente di naturale
E perciò, cosa vuoi, ci penso sempre.
I fenomeni che questo amore producono in me
Si possono riassumere in uno solo: una grazia,
Che se pure come una peste mi ha colpito.
Non stupirti, allora, se accanto all’angoscia,
C’è una continua e infinita allegria.
Non è da meravigliarsi se, allora, durante la notte
Ho degli orribili incubi.
Ma sono la cosa più sincera della mia vita.

Non ho altro modo per affrontare la realtà.
Ho sognato poche notti fa
Che ero per una strada buia, piena di pozze.
Cercavo lungo l'orlo del marciapiede,
Lungo quelle pozze piene di una luce
Come un'aurora boreale, un lungo tramonto siberiano,
Qualcosa, cosa non ricordo, forse un giocattolo.
Ed ecco che sull'orlo dell'ultima di queste pozze
C'è un maiale, un maialino. Ed io mi avvicino a lui,
Come per prenderlo, per toccarlo.
E lui, allegro, mi morde.
Il suo morso mi strappa quattro dita dalla mano destra,
Che però restano attaccate, e non sanguinano,
Come fossero di gomma.
Io giro con queste dita penzolanti,
Sconvolto da quel morso:
Una vocazione al martirio.
Chissà mai qual è la verità dei sogni,
oltre a quella di renderci ansiosi della verità.[49]

Nel 1967 Pier Paolo Pasolini scrive l'opera teatrale *Porcile*. Un anno dopo, da questo testo nasce la sceneggiatura del film che nel 1969 è presentato alla Mostra del Cinema di Venezia, dove viene criticato perché osceno, se non disgustoso. La pièce teatrale, invece, uscirà postuma dieci anni dopo, nel 1979. Lo stesso autore precisa che il tema del testo è l'«anarchia apocalittica» nella quale sta degenerando la società industriale. Il fondamento di questa tesi, per altro non nuova nella riflessione di Pasolini, sta in un sogno nel quale il protagonista, Julian, figlio dell'industriale Herr Klotz, dialoga con Spinoza intorno all'*Etica*, la sua opera principale. Lo stesso autore chiarisce che il filosofo olandese viene messo in gioco perché egli è il primo «filosofo razionalista e quindi è colpevole, in un certo senso, del razionalismo borghese che lui in quel momento abiura».[50]

---

[49] Monologo di Julian Klotz in *Porcile*, film di Pier Paolo Pasolini, Italia, 1969.

[50] Intervista rilasciata a Gian Piero Brunetta, *Saggi sulla letteratura e sull'arte, Per il cinema*, a cura di Walter Siti e Silvia De Laude, vol. 2, Mondadori, Milano, 1999.

Nel film il dialogo con Spinoza scompare, forse sostituito dal monologo di Julian. Ci sarebbe da ricercarne il motivo, e invece è più interessante restare al testo teatrale e domandarsi cosa fanno Manuele Gragnolati e Christoph F. E. Holzhey nel saggio *Una passività attiva? Spinoza nel Porcile di Pasolini*[51], perché Spinoza e non Cartesio, vero padre del razionalismo moderno. La motivazione sta proprio, come risulta evidente nella sintesi per contrasto che usa Pasolini, nell'abiura da parte dell'autore dell'*Etica*.

L'interpretazione più diffusa del sogno 'rimosso' di Spinoza e che questi rappresenti la coscienza critica di Julian, che gli contesta l'aberrazione di amare, alla lettera, i porci. «Non c'è dubbio: è un affetto / che ti attrae tra questi porci, e quindi ne sei schiavo. / Chi fa ciò 'benché veda il meglio è costretto, / tuttavia, a seguire il peggio', dicevo». Da qui l'invito. «Liberati dalla schiavitù degli affetti, Julian, / per mezzo della ragione, e quindi torna tra gli uomini, se vuoi essere uomo».

La chiave di volta per comprendere Spinoza 'pasoliniano', tuttavia, è l'ironia più che la ragione. «Ma come?...», Julian resta stupito di trovare nel porcile il filosofo. «Certo, resta da stabilire qual è il vero porcile…». Ecco, forse il vero Porcile non è la porcilaia, ma il salone e il giardino dove si festeggerà la Festa della Fusione tra le imprese di Klotz e di Herdhitze, suo vecchio commilitone. Forse il Porcile è l'intero consorzio umano, dal quale lo stesso Spinoza è stato bandito in gioventù. «Se ti racconto qualcosa della mia vita, è solo perché assomiglia un po' alla tua».

A questo punto Spinoza si è trasformato nel Lucignolo di Julian. «Io, primo filosofo della Ragione, dovrei dirti: 'Parla, mangia, sta sveglio, lavora, agisci, non sparire'. Ma l'oggetto della mia ragione era Dio. Non posso pretendere che tu viva per fame di verità. Dunque, muori, se questo ti fa piacere, esci dal mondo». Siamo giunti al nucleo rovente della questione: la Ragione è solo uno strumento per spiegare l'esistenza. Assolto questo compito deve restare solo Dio, «nient'altro che Dio». Ed è un Dio «che non consola» perché coincide con la nostra

---

[51] In *Lo sguardo* – Rivista di Filosofia on line, *Pier Paolo Pasolini: resistenze, dissidenze, ibridazioni*, N. 19, 2015.

stessa esistenza, con l''esserci' (il *dasein* esistenzialista di Martin Heidegger) di Julian. E, infatti, in Spinoza precisa: «Per eternità intendo la stessa esistenza [...]».

La tesi di Manuele Gragnolati e Christoph F. E. Holzhey nel loro articolo è che l'abbandono di Julian al suo stato catatonico non sia una resa passiva ma apra uno spazio nuovo di possibilità. Secondo loro, dunque, «la vita esperita come realtà richiede l'abbandono della razionalità.» La tesi che qui si propone, invece, è che la rinuncia, «né obbedire né disobbedire», di Julian non sia un rifiuto della razionalità, ma la proposta di una nuova. Il nuovo spazio di possibilità agisce nell'ambito dell'*Antropocene*, solo che l'era del protagonismo umano, all'opposto della razionalità borghese e capitalista, e in polemica con l'impotente conformismo dei rivoluzionari (rappresentati da Ida, la fidanzata che inutilmente lo sprona a partecipare alle manifestazioni di protesta sotto il Muro di Berlino), viene rimossa dal contesto socio-economico e collocata al livello del testo, vissuto come unico e autentico ambito di trasformazione e cambiamento.

Questo è, infatti, l'appello finale di Spinoza a Julian. «A testimoniare questa forma di linguaggio / che nessuna Ragione può spiegare, neanche / contraddicendosi, tu sei stato chiamato».

Leggiamo ne *Il Castoro Cinema*[52] dedicato al regista e scritto da Serafino Murri che «*Porcile* è, a detta dell'autore, il suo film che più tende al cinema di poesia. In esso ogni gesto è allegorico, estremistico, spinto al limite dell'immaginabile per superare la realtà con la verità dell'abominio». È anche la sua opera politica più positiva, nonostante la visione superficiale di chi ha criticato il film da destra, come aberrante, e anche da sinistra, come passivo. Il dialogo 'rimosso' con Spinoza, il filosofo preferito da Julian svelerebbe questa forza. Scrive ancora Murri: «Se il terreno di confronto è la mera Ragione, questa avalla sempre il diritto del più forte». A nulla servono gli appelli di Ida ad associarsi alle manifestazioni di protesta. «Del dominio totalitario della Ragione tecnocratica ci si libera solo attraverso il recupero del sacro, dell'Altro». È la vita pura e semplice a dare un valore all'esistenza, di questo è testi-

---

[52] *Pier Paolo Pasolini*, Serafino Murri, L'Unità/Il Castoro, Milano, 1995.

mone il rozzo contadino Maracchione. Ad indicarci la strada, tuttavia, è stato proprio Spinoza, contrariamente alla spiegazione più diffusa, apparendo in sogno a Julian: non la Ragione del suo pensiero ma la Verità della sua propria vita, della sua stessa esistenza.

«Allora sssst! Non dite niente a nessuno!». Herditze vorrebbe condannare al silenzio la tragedia di Julian mangiato dai porci. Per Julian, per il figlio niente affatto prodigo di Klotz, che non è tornato a casa e per il quale non ci sono vitelli grassi da offrire, sarebbe la sconfitta più dolorosa. E invece dell'orrore deve restarne traccia, una testimonianza, lo scandalo più indigeribile, la santificazione più inaccettabile, la rivolta definitiva. «L'assolutezza e l'ambiguità divengono canoni di inattaccabilità da parte della società dei consumi, e inviti alla smitizzazione, rivolti a quella ancora amorfa 'nuova élite' intellettuale che Pasolini intende costruire muovendo le coscienze di coloro che (come Maracchione in *Porcile*) non temono né l'idealismo, né l'abiezione, e che non perdono di vista il loro essere, semplicemente, uomini vivi».[53] Per tutto questo, *Porcile* può essere considerata la sua opera stilisticamente e intellettualmente più matura.

Questa maturità, in realtà, trova il suo limite estremo in *Petrolio*, il suo ultimo e incompiuto lavoro. Nell'Appunto 103a, intitolato *Un incerto punto fermo*, Pasolini precisa che «io non sto scrivendo una storia reale, ma sto facendo una forma».[54] In seguito, 'sciascianamente' si contraddice. Nella lettera ad Alberto Moravia scrive: «Ciò vuol dire che non ho fatto del mio romanzo un 'oggetto', una 'forma', obbedendo quindi alle leggi di un linguaggio che ne assicurasse la necessaria distanza da me, quasi addirittura abolendomi [...]. No: io ho parlato al lettore in quanto io stesso, in carne e ossa, come scrivo a te questa lettera [...]. Ho reso il romanzo oggetto non solo per il lettore ma anche per me [...]».

Siamo arrivati ad uno snodo centrale. Le leggi del linguaggio, come la Ragione di Spinoza, permettono di annullare la distanza tra l'autore e l'oggetto della sua scrittura, che pur mantenendo la propria oggettività

---

[53] *Pier Paolo Pasolini*, Serafino Murri, L'Unità/Il Castoro, Milano, 1995.

[54] *Petrolio*, Pier Paolo Pasolini, Mondadori, Milano, 2005.

è sottratto alla dimensione della narrazione per essere collocato in quella della vita autentica «in carne e ossa». Ecco, l'opera sta alla natura, come il narratore sta a Dio, un dio molto umano. E dunque, se *Deus sive Natura*, allora *Natura sive Opera*.

È evidente che il filosofo immaginato da Pasolini non è interamente sovrapponibile alla figura storica di Spinoza. Eppure il poeta ha intuito la centralità che nel pensiero filosofico di quest'ultimo assume la forma. «Tutte le parole ebraiche – egli sostiene – hanno la forza e le caratteristiche dei nomi. In tal modo, tutti i verbi, gli aggettivi, sono derivati dai sostantivi. Il che, come molti studiosi hanno sottolineato, non è altro che una traduzione in categorie grammaticali delle sue tesi metafisiche di fondo, secondo le quali la sostanza svolge il ruolo di categoria fondamentale».[55]

La Ragione spinoziana è, dunque, uno strumento per cogliere l'essenza delle cose con il discorso e la deduzione. «Nella natura della ragione non è di contemplare le cose come contingenti ma come necessarie. [...] Questa necessità delle cose è la stessa necessità della natura eterna di Dio: dunque, nella natura della Ragione è di contemplare le cose *sub specie aeternitatis*».[56] Siamo andati oltre la conoscenza dell'esperienza, che è 'conoscenza casuale' delle cose, oltre anche l'esperienza razionale che afferra i nessi causali, siamo arrivati a conoscere attraverso un singolo atto di intuizione. Attraverso questa conoscenza, dunque, Spinoza giunge a ritenere conoscibili dimensioni 'sublimi e sottili' della Natura che, al contrario, Cartesio riteneva estranee alle capacità del razionalismo.[57] Se Cartesio fonda il pensiero moderno alla base della società capitalistica in pieno sviluppo, Spinoza interra il seme del pensiero post-moderno che di questa società è la forma della crisi. Questa intuizione che tende ad afferrare il senso autentico delle cose assomiglia molto alla definizione che Roland Barthes dà della poesia.

---

[55] *Compendio di grammatica della lingua ebraica*, Baruch Spinoza, Leo S. Olschki, Firenze, 2013.

[56] *Baruch Spinoza e l'Olanda dei Seicento*, Steven Nadler, Mondadori, Milano, 1999.

[57] Ivi.

«La poesia occupa la posizione opposta a quella del mito: il mito è un sistema semiologico che pretende superarsi in sistema fattuale; la poesia è un sistema essenziale». La poesia, dunque, ha la forza di riformare il segno in senso, e in questo modo, più che al senso delle parole essa ci riconduce al senso stesso delle cose. «Il mito, tuttavia, non va negato. Negarlo significa arrendersi a esso senza condizione. L'arma migliore contro il mito è forse mitificarlo a sua volta, è produrre un mito artificiale. [...] Visto che il mito ruba il linguaggio, perché non rubare il mito?».[58] La sostituzione del mito con un mito artificiale è giusto l'operazione che Pasolini tenta con il cinema-di-poesia. Il suo è un processo di significazione perfettamente riuscito. Come scrive Bathes, se il mito è un 'linguaggio rubato', la poesia è un 'linguaggio ritrovato.'

Spinoza è stato il primo – qui la sua (post) modernità – a inoltrarsi in questo processo di significazione. Egli scrive nella XLII Proposizione della Parte Quinta dell'*Etica*: «La beatitudine non è il premio della virtù, ma la virtù stessa; e noi non godiamo di essa perché reprimiamo le nostre voglie, ma, al contrario, possiamo reprimerle perché godiamo di essa».[59] Non è la proposta di una saggezza superomistica, ma il passaggio della virtù dalla realtà al testo. Si tratta della scoperta del 'piacere del testo', direbbe Roland Barthes. Ecco che il razionalismo del filosofo olandese si sposta dal piano cartesiano della realtà a quello che oggi diremmo della semiologia, fornendo a noi moderni i primi arnesi per distinguere il reale ideologico dal reale semiologico. Spinoza, insomma, riesce a farci 'sentire poeticamente' la filosofia. Ce lo conferma Gilles Deleuze, secondo il quale egli pensa «in termini di velocità e lentezze, catatonie congelate e movimenti accelerati, elementi non formati, affetti non soggettivati. [...] Non si tratta di melodia e contrappunto, o di selezione di un mondo, ma di una sinfonia della Natura, di una costituzione di un mondo sempre più grande e intenso».[60]

---

[58] *Miti d'oggi*, Roland Barthes, Einaudi, Torino, 2016.

[59] *Etica*, Baruch Spinoza, a cura di Remo Cantoni e Franco Fergnani, UTET, Torino, 1997.

[60] *Verità e poesia nell'etica di Spinoza*, Tiziano Salari, in Foglio Spinoziano.it.

«Il rapporto tra verità e poesia nell'*Etica* di Spinoza non è diverso dallo stesso rapporto che si stabilisce, per noi, nella *Commedia* di Dante, nei *Canti* e nelle *Operette morali* di Leopardi, [...] cioè l'illusione di stringere in una visione cristallina la complessità del mondo e nello stesso tempo di lasciarla essere in tutte le sue manifestazioni, conclude Tiziano Salari».[61]

È facile associare quelle 'catatonie' e quei 'movimenti' alle catatonie e ai movimenti di Julian. Viene spontaneo collegare alla beatitudine spinoziana quella, altrettanto stoica, del figlio che non ritorna, il figlio tutt'altro che prodigo che si lascia divorare dai maiali.

L'epoca moderna, in conclusione, ha messo al centro della realtà l'uomo e la sua potenza di trasformazione della Natura. La razionalità capitalistica ha messo a disposizione le proprie sovrastrutture a questo ciclopico processo di trasformazione. Già nel 1873 il geologo Antonio Stoppani[62] usò per la prima volta il termine *Antropocene* per definire l''Epoca umana', cioè un'era in cui gli esseri umani, con le loro attività, hanno apportato modifiche territoriali, strutturali e climatiche tali da incidere sui processi geologici. A questo punto, dobbiamo convincerci che possa esistere un processo altrettanto potente ma inverso di trasformazione della realtà; insomma una nuova *Antropocene*, se non una 'buona' *Antropocene*. Questa è la riserva finale della poesia: fornirci un processo di salvezza dalla disperazione.

Parafrasando Pier Paolo Pasolini nel *Sogno dell'allievo di Giotto*[63]: «Perché cercare la Verità quando è così bello sognarla soltanto?».

---

[61] Ivi.

[62] *Corso di Geologia*, Antonio Stoppani, 1873.

[63] *Il Decameron*, film di Pier Paolo Pasolini, Italia, 1971. È il primo della 'Trilogia della Vita', seguito nel 1972 da *I racconti di Canterbury*, e nel 1974 da *Il fiore delle mille e una notte*.

Con il senno di poi. L'*ante litteram* come *ex post*

Andrea Pinotti

Propongo qui una riflessione a partire da un grande poeta del secolo scorso, Thomas Eliot: una riflessione che però si allarga dalla poesia alla letteratura fino ad abbracciare la questione dei rapporti tra il passato, il presente e il futuro, con effetti come vedremo piuttosto paradossali.

Nel 1919 Eliot pubblica un saggio che si intitola *Tradizione e talento individuale*, in cui presenta la sua concezione della tradizione artistico-letteraria. Tale tradizione è una totalità. Tutta la letteratura europea nel suo complesso ha una simultanea esistenza e forma un ordine simultaneo. La poesia in particolare viene intesa come vivente unità di tutte le poesie che sono state scritte. È una questione di senso storico che implica, continua Eliot, non solo l'apprensione dell'essere passato del passato ma anche quella della sua presenza, del suo essere presente.

Subito comprendiamo che si tratta di una questione non solo di storia della letteratura, ma di filosofia della temporalità, di teoria dei piani temporali. Che cosa vuol dire che il passato è simultaneo rispetto al presente? Sembrerebbe contraddittorio, stando alla nostra ordinaria esperienza del tempo: il passato è appunto passato, e non presente. Ma Eliot insiste, sostenendo che si può parlare senza contraddizione del presente momento del passato: il passato, quindi, non va assolutamente inteso come un capitolo chiuso e archiviato dell'esistenza individuale e collettiva, quanto piuttosto qualche cosa di presente; qualche cosa di presente al presente, ma che il presente stesso contribuisce a modellare, a configurare, a modificare. Se si afferra questa idea dell'ordine, della forma della letteratura europea, non si riterrà assurdo che il passato possa essere rinnovato dal presente, come il presente viene a sua volta sostenuto dal passato.

L'operazione che Eliot ci invita a eseguire è vertiginosa: ci obbliga, se ne vogliamo trarre tutte le conseguenze, a ripensare necessariamente quel rapporto di causa e di effetto che noi tendenzialmente attribuiamo al rapporto tra passato e presente. Il passato sostiene il presente, il presente è sostenuto dal passato, e fin qui siamo tutti d'accordo. Siamo quel che siamo perché siamo stati quel che siamo stati. Facciamo quel che facciamo perché abbiamo fatto quello che abbiamo fatto.

Ma Eliot difende anche la relazione reciproca: il passato è sostenuto e rinnovato dal presente. Come farà mai il presente, che viene dopo, a rinnovare, in qualche modo a configurare un passato? È evidente che bisogna concepire il passato come un tempo che non è avvenuto una volta per tutte, che non è chiuso in se stesso come una dimensione immodificabile e congelata.

Possiamo avvicinarci a questa idea se ci rivolgiamo a un ammiratore di Eliot: Jorge Luis Borges. Lo scrittore argentino pubblica nel 1951 un saggio dedicato a Kafka e ai suoi precursori, impregnato del gusto inconfondibile del paradosso che lo contraddistingue. Appoggiandosi su Eliot, Borges ribalta il rapporto tra uno scrittore e i suoi precursori. Da questo esame Borges identifica alcuni precorritori dello scrittore praghese: il filosofo presocratico Zenone di Elea, Han Yu (prosatore cinese del IX secolo), il pensatore danese Kierkegaard, il poeta inglese Robert Browning, lo scrittore francese Léon Bloy, Lord Dunsany, autore irlandese di opere *fantasy*.

Non ci interessa tanto capire i motivi per cui Borges ravvisa in questi sei nomi e non in altri i precursori di Kafka; ci preme piuttosto afferrare il senso delle conseguenze che egli trae dall'esame di alcune loro opere. Gli eterogenei testi prodotti dai sei autori somigliano a Kafka. Non tutti però si somigliano tra loro, e quest'ultimo fatto è il più significativo. In ciascuno di quei testi si rinviene l'idiosincrasia di Kafka. Ma se

Kafka non avesse scritto, non la avvertiremmo. Vale a dire essa non esisterebbe. Ciò vuol dire che, venendo dopo tutti questi precursori, la scrittura di Kafka non si limita ad avvicinarsi dopo, *a valle*, a posteriori, a temi, a stili, ad atmosfere, a soggetti di Zenone, di Han Yu, di Kierkegaard, di Browning, di Bloy, di Dunsany; ma letteralmente li produce *a monte* come somiglianti a se stessa, come elementi di un sistema, quello dei precursori di Kafka appunto, una costellazione. Il che significa che la scrittura di Kafka crea non solo, come è ovvio, la tradizione che la seguirà, i successori di Kafka, i suoi epigoni, bensì anche, e forse soprattutto, la tradizione che la precede.

Nel creare questa tradizione kafkiana *ante litteram* (prendendo questa locuzione proprio alla lettera), Kafka istituisce e fonda un sistema. È a un simile sistema, a una simile costellazione che pensava anche Eliot nel saggio sulla tradizione, riflettendo sul fatto che quando è creata una nuova opera d'arte, l'effetto si riverbera su tutte le opere d'arte che la precedono. La poesia, certamente, ma anche la letteratura, la musica, le arti visive…

Per Eliot i 'monumenti' esistenti, cioè gli oggetti culturali, costituiscono tra loro un ordine che viene modificato dall'introdursi nel loro cerchio di una nuova opera d'arte. L'ordine esistente è completo prima che compaia la nuova opera. Perché l'ordine resista dopo il sopravvenire della novità, della nuova opera, l'intero ordine esistente deve essere, sia pure di poco, mutato. Proseguendo questo pensiero, Borges ci propone di accettare l'idea che ogni scrittore crei i propri precursori. La sua opera modifica la nostra concezione del passato così come modificherà il futuro.

Se volessimo continuare su questa linea argomentativa, dovremmo a nostra volta ammettere che quei precursori di Kafka siano stati una sorta di plagiari a priori. Pur essendo molto differenti tra loro, pur precedendo Kafka nel tempo storico-cronologico lineare cui siamo abituati a riferirci per mettere in ordine la storia della letteratura, la storia della poesia, la storia dell'arte, la storia della musica, sarebbero risultati affini tra loro e precorritori di Kafka solo dopo Kafka stesso, solo dopo che Kafka ha scritto. Kafka istituisce la propria tradizione in modo tale che si può dire che Zenone, Han Yu e tutti gli altri abbiano scritto *à la* Kafka *ante litteram*, che lo abbiano citato, per così dire, o plagiato nel peggiore dei casi, prima che Kafka facesse la sua comparsa nella storia della letteratura.

Eliot aveva seguito alla Sorbona i corsi di Henri Bergson. In una serie di conferenze tenute nel 1913 alla Columbia University, Bergson aveva affrontato una questione che poi avrebbe messo meglio a fuoco in un saggio del 1934 intitolato *Sviluppo della verità – Movimento retrogrado del vero*.

È una vera e propria logica della retrospezione quella che Bergson qui espone. Nonostante l'argomento del saggio sia la filosofia del tempo, della storia e della verità, è alla letteratura che il pensatore francese ricorre per illustrarne l'argomento cardine. Il suo 'esempio semplice', come lo chiama lui, riguarda il rapporto fra romanticismo e classicismo: nulla ci impedisce di ricollegare gli autori romantici del Diciannovesimo secolo a ciò che vi era già di romantico negli autori classici. Ma l'aspetto romantico del classicismo si manifesta solo per l'effetto retroattivo del romanticismo una volta apparso. Se non vi fossero stati un Rousseau, uno Chateaubriand, un Vigny, un Victor Hugo non soltanto non si sarebbe mai percepito, ma ancora non vi sarebbe realmente stato alcun elemento romantico nei classici. È grazie alla letteratura romantica, e dopo di essa, che possiamo ritagliare elementi precorritori del romanticismo nel classicismo. In questo modo, commenta Bergson (e sembra davvero un incunabolo dell'idea borgesiana di Kafka che crea i suoi precursori), il romanticismo ha retroattivamente creato la propria prefigurazione nel passato.

Con Eliot, prima di lui con Bergson e dopo di lui con Borges, siamo di fronte a una richiesta di riformulare radicalmente il nostro rapporto con la temporalità. I tre sono in buona compagnia: troviamo riflessioni simili in Freud e Lacan nel campo della psicanalisi con il concetto di retroazione del sintomo (la *Nachträglichkeit* freudiana, l'*après coup* lacaniano). Ma possiamo anche pensare al modo in cui Aby Warburg concepiva la relazione tra il Rinascimento e l'antichità: una ripresa che, più che ripetizione, è sua creazione. Siamo al cospetto di una costellazione di autori che ci costringe a ripensare a quel rapporto che abitualmente intendiamo come unidirezionale dal passato verso presente: il passato che è stato e che è concluso in se stesso determinerebbe appunto la configurazione del presente. Abbiamo qui invece un'idea molto forte – retroattiva, retroscopica – di un presente che è capace di modellare il passato e di dare senso al passato stesso, consentendoci di trovare nel passato quei tratti precursori che è stato lo stesso presente a produrre *ex post*.

Credo che queste riflessioni ci invitino anche a riconsiderare il problema più generale del nostro rapporto con la memoria: non solo la nostra memoria individuale, ma anche la memoria sociale, la memoria collettiva, la memoria culturale. La memoria non è mai semplicemente un'operazione di riproduzione di ciò che è stato, ma è tanto riproduttiva quanto produttiva: nel momento in cui noi ci ricordiamo del nostro passato, anche sempre lo costruiamo.

Hannah Arendt tra pensiero e poesia

Ornella Crotti

Amo la terra
come in viaggio
il luogo straniero,
e non diversamente.
Così la vita mi tesse
piano al suo filo
in una trama sconosciuta.
All'improvviso,
come il commiato in viaggio,
il grande silenzio irrompe nel telaio.

Hannah Arendt, *Quaderni e Diari*.

Se è la poesia, e non la filosofia,
ad assolutizzare, allora c'è salvezza.

Hannah Arendt, *Quaderni e Diari*.

Nel 1930 due giovani e brillanti intellettuali ebreo-tedeschi, Hannah Arendt e il suo primo marito Günther Anders, scrivono un saggio a quattro mani intitolato *Le Elegie duinesi di Rilke*.[64]

---

[64] H. Arendt, G. Stern, *Le Elegie duinesi di Rilke* (1930), in *Scrivimi qualcosa di te*, Carocci, Roma 2017. Nella loro casa oltre a leggere Rilke, si tenne un gruppo di lettura sul *Mein Kampf*.

Lei ventiquattrenne aveva appena conseguito il dottorato con Karl Jaspers con una dissertazione intitolata *Il concetto di amore in Agostino*, lui, di qualche anno di più, era studioso di Antropologia filosofica e stava tentando l'abilitazione in Filosofia della musica per intraprendere la carriera universitaria.

La loro interpretazione delle *Elegie duinesi*, che erano state pubblicate nel 1923, risente degli interessi filosofici di questa fase della loro formazione ed è intessuta di una forte condivisione emozionale e del comune sentire la poesia di Rilke sotto la luce dell'*abbandono* di Dio e dell'*alienazione* dal mondo con una valenza non solo negativa, connotata da un sentimento di «espulsione dal mondo» ma anche positiva come «liberazione» da ogni scopo mondano.

Il saggio è il tentativo di cogliere «la tonalità» presente nelle *Elegie* di Rilke che, nella loro interpretazione, si configura come «un dire senza risposta», caratterizzate da «un'assenza di eco» che è rinuncia da parte del poeta al poter essere ascoltato e compreso e che risulta segnata da una lontananza, un'estraneità alla comunicazione. Una domanda poetica quella di Rilke, che sente il *mistero* del mondo e che si vive come inquietudine, come una tensione angosciosa verso Dio, alla ricerca della possibilità di incontrarlo attraverso i livelli intermedi dell'«angelo» e dei «morti».

Il mondo poetico di Rilke si presenta a loro con una modalità *acustica* caratterizzata dall'umano mettersi all'ascolto della voce divina, come accade nella religione ebraica e nella sua scelta di praticare l'assenza di immagini. Costante sullo sfondo appare il tema del dolore che leggiamo nella citazione dei bellissimi versi tratti dalla X *Elegia*.

> Ma essi [i dolori] sono, sì,
> il nostro fogliame d'inverno, il nostro scuro
> sempreverde, *uno* dei tempi dell'anno segreto -,
> non solo tempo -, ma luogo, domicilio, letto, suolo,
> dimora.[65]

Si tratta per i due interpreti di accogliere l'invito alla «perseveranza

---

[65] R. M. Rilke, *Elegie duinesi*, Baldini Castoldi Dalai, Milano 2007, p. 27.

del cuore» che è una «perseveranza dell'ascolto», tuttavia venato dal timore del fallimento, che riecheggia l'«Ascolta, mio cuore, come prima / ascoltavano soltanto i santi» della I *Elegia*.

È l'invito a un porsi in ascolto che ha accenti quasi religiosi ma che, nella lettura di Hannah e Günther, si rivolge prevalentemente al doloroso mondo umano: in esso troviamo sullo sfondo la condivisione con Rilke di un sentimento di alienazione «dalla nostra terra umana», la consapevolezza del nostro ambiguo fluttuare tra un *non – più* e un *non – ancora* che è la condizione stessa della vita e soprattutto cogliamo questa capacità di *pensare col cuore* mentre sentiamo quanto le loro emozioni si intrecciano con quelle del poeta.

Arendt ha costantemente frequentato la letteratura e la grande poesia, tra i suoi poeti preferiti ricordo Pindaro, Goethe, Hölderlin, Celan, Brecht, Dickinson, Eliot, Rilke, Valery, Auden, mentre tutta la sua produzione teorica – che è decisiva per la cultura filosofico-politica contemporanea – sia quella diaristica ed epistolare che saggistica, è intessuta di citazioni di poeti e di poesie che lei stessa scriveva.

In nessun'altra testimonianza scritta che ci ha lasciato Hannah Arendt *per-suona* la sua riflessione – il procedere del suo pensiero – in modo tanto vibrante ed emozionale come nei *Quaderni e Diari 1950-1973*.[66] In questo testo, ricchissimo di sue poesie, affiora e si inabissa per poi riapparire trasformata e ripensata una capacità di elaborare e lavorare sulle emozioni servendosi anche della poesia insieme all'utilizzo di un potente sapere filosofico che spazia da Platone a Duns Scoto, da Aristotele a Nietzsche, da Kant a Wittgenstein, da Agostino a Heidegger. È in questi appunti che Arendt, in un'annotazione del gennaio 1956, sembra fare sua la voce dell'*Antigone* tradotta da F. Hölderlin e musicata da C. Orff:

> Orff, *Antigone*: come se tutto fosse impostato per farci risuonare. Noi però ci chiudiamo, ammutoliamo e non ci lamentiamo. Antigone – la voce umana che si lamenta, risuona, in cui tutto si rivela.[67]

---

[66] H. Arendt, *Quaderni e diari 1950-1973*, Neri Pozza, Vicenza 2007.

[67] Ivi, quad. XXII, 6, p. 472.

Tutta la sua opera del resto, si misura con il *pensare* e il *sentire*, con la condizione umana della vicinanza e della lontananza: il *pensare* ha bisogno di distanza, di distacco e il suo senso è la vista, il senso della lontananza, il *sentire* annulla la distanza, il suo senso è il tatto ed anche l'olfatto. Intorno al tema dell'apparire e del manifestarsi, della *vicinanza* e della *lontananza* rilevo come vengano da lei evocate le figure poetiche di due amanti, Orfeo ed Euridice: quando Orfeo si volta per percepirla, Euridice scompare alla sua vista.[68]

Secondo Arendt l'amore colpisce, brucia e distrugge l'*infra*, ovvero lo spazio-mondo tra esseri umani ma esso è «la potenza della vita» e «rivela proprio ciò che è specificamente umano nell'universo vivente. Il discorso degli amanti è così vicino alla poesia perché è il discorso puramente umano».

La consapevolezza del nostro essere vicini e lontani dagli altri e dal mondo è una consapevolezza che si può *dire* con le parole della filosofia e della poesia a fatica e dolorosamente, mentre esiste una felicità che annulla le distanze ed è quella dell'incontro dell'amore *tra* esseri umani:

> La felicità della più stretta prossimità è senza parole.[69]

Eppure Arendt sa che, oltre al silenzio, le parole per dire l'amore sono state tante e bellissime in letteratura ma in lei troviamo come un pudore muto di fronte al «miracolo» dell'amore e nello stesso tempo appare costante la sua percezione del rischio dell'incapacità del dialogo e il timore di perdere la capacità di parlare con se stessi, di sentire la presenza delle persone insieme all'esigenza di confrontarsi con la felicità ma anche con la tristezza, il dolore e il male.

Il pensiero e la sua capacità di rappresentarmi qualcosa che sta in lontananza mi dà la possibilità di *vedere*, di rendere presente ciò che è assente ma il pensiero vuole altro, vuole raggiungere il *senso* che è pro-

---

[68] Ivi, quad. XXVI, 52, p. 609.

[69] Ivi, quad. XXVII, 79, p. 647.

prio ciò che non appare mai. Se le facoltà mentali, afferma Arendt, hanno sempre a che fare con qualcosa di assente e il *giudizio* si riferisce al passato, il *volere* al futuro, il *pensiero* – la più radicale delle facoltà mentali – si colloca fuori dal tempo ma anch'esso, che in realtà ha che fare con l'invisibile, aspira all'apparenza ed appare e risuona nel linguaggio. Grazie al *pensiero* ciò che è invisibile può essere udito e, in quanto vuole cogliere ciò che sta sotto la superficie, il suo è un «approssimarsi a ciò che è lontano»:

> La profondità è la sua dimensione. Elevarlo dalla profondità verso l'alto è il compito della poesia, di ogni arte. Pretendere da qualcuno che non pensa che si comporti in modo morale è una pura assurdità.[70]

È dunque in queste articolate movenze e nel suo intrecciarsi anche con la morale che si colloca il contributo che la poesia dà al pensiero: far affiorare, far emergere un contenuto sapienziale dal profondo, per donarci spazi di comprensione, di rielaborazione e di accettazione.

Per riaffermare la centralità che lei attribuisce alla poesia e il profondo legame che si instaura tra il poeta e la sua produzione nelle sue pagine dedicate alla *praxis* e alla *poiesis*, richiamo qui quel passo di *Vita activa* in cui rifacendosi ad Aristotele afferma:

> Il benefattore, secondo Aristotele, ama la sua "opera", la vita del beneficato che egli ha "fatto", come il poeta ama i suoi poemi, e il filosofo ricorda ai suoi lettori che l'amore del poeta per la sua opera non è meno appassionato di quello di una madre per i suoi figli.[71]

«La poesia scaturisce dalla passione», ad essa e in generale alle opere d'arte, Arendt conferisce il carattere della *permanenza* forse – afferma – è a causa della loro origine: «esse sono nate lungo il sentiero non-temporale del pensiero».

Al tema della loro «mondanità» cioè della capacità delle opere d'arte

---

[70] Ivi, quad. XXVI, 53, p. 610.

[71] H. Arendt, *Vita activa*, Bompiani, Milano 1996, p. 143. Per queste riflessioni vedi il riferimento ad Aristotele, *Etica Nicomachea*, 1168a 13sgg.

di donare *permanenza* al mondo umano, la pensatrice dedica ampio spazio teorico e su di esso ha costruito importanti riflessioni che utilizzano spesso un linguaggio di grande efficacia e che risente della sua vicinanza alle parole della poesia: in quanto sopravvive all'uso e alla vita del singolo, l'opera d'arte possiede una «eternità relativa» ma soprattutto risulta in grado di «tollerare lo spazio pubblico», cioè quello spazio cercato e temuto nel quale condividiamo i nostri pensieri, i nostri vissuti e i nostri giudizi e in cui ci confrontiamo apparendo gli uni agli altri. Lo spazio del giudizio politico e del giudizio estetico non dovrebbe essere quello dell'interesse ma dell'*inter esse*, di «ciò che pubblicamente abbiamo in comune».

Ecco quindi che Arendt istituisce un'affinità tra arte e politica perché anche le opere d'arte – oltre alla loro capacità di donare *permanenza* – hanno bisogno di uno spazio pubblico nel quale apparire ed essere condivise: nei loro confronti Arendt usa il termine kantiano di *piacere disinteressato* e afferma che «la bellezza è la più vera manifestazione di indistruttibilità» perché senza le parole dei poeti, le gesta degli eroi sarebbero destinate a sparire senza lasciare traccia.

La sua riflessione è costantemente attraversata da un'attenzione appassionata al mondo umano, a quel luogo – dove spazio/tempo si intrecciano – fatto di pensieri, scelte morali, azioni e *cose* che continuamente costruiamo intorno a noi e che continuamente vengono distrutte. Un'attenzione rivolta al mondo inteso come luogo della storia cioè caratterizzato dal nostro umano essere-insieme come pluralità di persone che si riconoscono in un vincolo di comunanza e in ognuna delle quali incontriamo una diversa *trascendenza* che è intrecciata con la loro *contingenza*.

La direzione intrapresa e perseguita tenacemente in vari luoghi della sua elaborazione teorica, è quella *desiderante*, del mettersi alla ricerca – in un mondo in cui non ci si ritrova o che non viene più riconosciuto come dimora – di un mondo umano che possa diventare la nostra dimora: uno *spazio* che permetta la distanza con uno sguardo tra i *diversi* che riesca ad accettare la loro differenza. Il suo è un concetto di *mondo* come di una *casa* che ci ospita, ci protegge e che accoglie oltre a noi, un insieme di *cose* e oggetti destinati ad essere prodotti, consumati e distrutti ma che comprende anche quegli oggetti durevoli che sono le opere d'arte. O per dirlo con queste folgoranti parole: «L'azione cambia il mondo, l'arte lo preserva».

Le opere d'arte, per il fatto di essere dotate di una mirabile capacità di permanenza, possiedono una durevolezza che risulta in grado di resistere al tempo, ed è nella loro permanenza che la stabilità del *mondo* raggiunge una propria rappresentazione.

> È come se la stabilità del mondo fosse divenuta trasparente nella permanenza dell'arte; come se una premonizione di immortalità, non quella della vita o dell'anima ma di qualcosa di immortale ottenuto da mani mortali, fosse divenuta concretamente presente, per risplendere ed essere vista, per risuonare ed essere udita, per parlare ed essere ascoltata.[72]

Il nostro parlare e dire poetico accade in un *infra*, in una rete di relazioni e riferimenti grazie ai quali riusciamo a vivere con gli altri, condividiamo i vissuti e ci accostiamo con stupore a questo mondo della pluralità in cui siamo nati come stranieri e *gettati* nella libertà.

È per questo che Arendt parla di una «dipendenza dalla poesia» e della sua potenza veritativa, perché abbiamo bisogno dell'*eros* della poesia e delle sue parole che ci interrogano e che scuotono così in profondità le fibre del nostro corpo, della mente, del cuore ma che sono spesso così difficili da accettare:

> I poeti sono sempre accusati di mentire. Ed è del tutto giustificato. Solo da loro ci spettiamo la verità (non dai filosofi, dai quali ci aspettiamo che pensino). Di fronte a un'esigenza così terribilmente impossibile da soddisfare – come si potrebbe non mentire?[73]

In questo nostro luogo dell'esistere al plurale, incalzato dalla condizione umana della natalità e della mortalità e sempre minacciato dall'avanzare della desertificazione, Arendt ci indica la necessità di sal-

---

[72] H. Arendt, *Vita activa*, cit., p. 120.

[73] H. Arendt, *Quaderni e diari 1950-1973*, cit., quad. XIX, 35, p. 400.

vaguardare le *oasi* e di come la presenza del pensiero del filosofo e dell'opera dell'artista e del poeta siano in grado di prendersi cura del mondo e di fermarne la devastazione. «Se il deserto è il mondo nella cui congiuntura noi ci troviamo», ciò che ribadisce Arendt è di «vivere nel deserto senza conciliarci con esso» e il suo è un invito a ripartire dall'arte, dalle oasi per fronteggiare il deserto e ricacciarlo indietro.

Negli appunti manoscritti, dove arte e oasi sono quasi usati come sinonimi e che sono stati riuniti postumi nel testo intitolato *Che cos'è la politica?*, leggiamo:

> Il deserto e le *oasi*. Il rischio di portare il deserto nell'oasi. Il dislocamento del mondo. Scopo della politica è cambiare o conservare o fondare un mondo.
>
> I soli che ancora credono al mondo sono gli artisti; la persistenza dell'opera d'arte riflette il carattere persistente del mondo. Essi non possono permettersi di alienarsi dal mondo. C'è il rischio di trascinarli nel dislocamento e dunque di devastare le oasi.[74]

Arendt scrive di filosofia utilizzando spesso un linguaggio poetico e questo intrecciarsi delle riflessioni della filosofia con le parole della poesia ci emoziona perché ci permette di comprendere quanto la presenza del mondo e la nostra coappartenenza ad esso sia segnato da una condizione di incompiutezza e da un sentimento di stupore, come se lo vedessimo sempre per la prima volta. Ecco allora che la filosofia e la poesia si piegano, nella forza delle sue parole, ad essere un'indagine da iniziare sempre di nuovo e come un esercizio che non può mai essere terminato.

Ma allora chi è il poeta? Arendt ce lo dice quando scrive di Brecht:

> Ma anzitutto un poeta, cioè uno che deve parlare quando gli altri tacciono e tacere quando tutti parlano.[75]

Voglio concludere con una delle sue poesie più belle, scritta nel 1942 e dedicata all'amico e filosofo Walter Benjamin che non è stato né un

---

[74] H. Arendt, *Che cos'è la politica?*, Edizioni di Comunità, Milano 1995, p. 152.

[75] H. Arendt, *Il futuro alle spalle*, il Mulino, Bologna 1995, p. 126.

sommerso né un *salvato* ma che – come dice di lui Bertolt Brecht – era «stanco di essere perseguitato» e non ce l'ha fatta ad attraversare la frontiera: a lei aveva affidato nel loro ultimo incontro a Marsiglia una pila di manoscritti tra i quali le *Tesi di filosofia della storia* perché venissero consegnate all'Institute for Social Research di New York.

W. B.

Viene di nuovo la sera,
cala la notte di stelle,
noi giaciamo come membra distese
nelle vicinanze, nelle lontananze.

Dall'oscurità risuonano
dolci piccole melodie.
Ascoltiamo per svezzarci,
infine ci lasciamo andare.

Voci lontane, pena vicina…
le voci di quei morti,
che abbiamo inviato come araldi
per condurci nel sopore.

María Zambrano e la ragione poetica

Armando Savignano

L'opera di María Zambrano (Vélez-Málaga, 22 aprile 1904 - Madrid, 6 aprile 1991) può essere considerata una filosofia in tempo di crisi, come si evince dal suo stile da cui emerge l'esigenza di unità tra vita e pensiero. A trent'anni dalla sua morte, dopo un esilio di quasi cinquant'anni (Cfr. M. Zambrano, *L'esilio come patria*, Morcelliana, Brescia 2016, a cura di A. Savignano) per essere stata la 'passionaria' dell'anti-franchismo, è opportuno ripercorrere la sua originale traiettoria intellettuale, il cui nucleo è contrassegnato dalla teoria della ragione poetica. María Zambrano (1904-1991) appartiene alla così detta 'generazione del 1927' di cui fanno parte, tra gli altri: F. García Lorca, R. Alberti, Salinas, G. Guillén, S. Dalí, L. Buñel, J. Ramón Jiménez (premio Nobel nel 1956). Tale generazione segna il passaggio dal modernismo all'avanguardia ed al surrealismo. María Zambrano sottolinea che come è impossibile una poesia non intrisa di pensiero, neppure è plausibile, al contrario, una ragione senza poesia. Solo la sintesi di entrambe è in grado di indicarci il vero cammino. Ciò emerge nell'opera, *Filosofia e poesia* (1939) contenente le conferenze tenute in esilio all'università di Michoacán (Messico). Quest'opera rappresenta il testo fondamentale per operare tale riconciliazione mediante la ragione poetica insieme al libro *I luoghi della poesia*, che si compone di due parti: la prima comprende testi sulla parola poetica e la relazione tra filosofia e poesia; la seconda raccoglie saggi sui poeti più amati dalla Zambrano.

Nell'aver voluto ricercare i luoghi decisivi del pensiero filosofico, Zambrano ha scoperto che la maggior parte di essi erano rivelazioni poetiche. Ella ricerca la filosofia che si trova nella poesia, non come pensiero poetico, bensì come filosofia in senso stretto, come una modalità dell'esercizio filosofico finora emarginato dalla storia del pensiero e che nella crisi della modernità è invece capace di configurare un orizzonte di superamento. L'opera, *Filosofia e poesia*, sembra costituire una risposta al celebre corso orteghiano del 1929 sull'idea di filosofia (J. Ortega Y Gasset, *Che cos'è la filosofia?*, Mimesis, Milano 2013, a cura di A. Savignano), rispetto alla quale Zambrano critica la legge di 'pantonomia', perché vi intravvede quello spirito di violenza che, a suo dire, ha caratterizzato l'attitudine razionalistica della filosofia greca, moderna e contemporanea. «Il camino della filosofia, a cui il filosofo fu spinto dal violento amore per quanto ricercava, abbandonò la superficie del mondo, la generosa immediatezza della vita, basando il suo ulteriore possesso totale in una prima rinuncia. L'ascetismo era stato scoperto come strumento di questo genere di sapere ambizioso» (M. Zambrano, *Filosofía y poesía*, 1939, Fondo de Cultura Económica, México 1987, p. 17). Ortega non rinuncia a tale principio di autonomia connesso a quello di pantonomia per la filosofia, a differenza della Zambrano che ne fa una 'estasi' sul piano contemplativo. Mentre per Ortega, la filosofia in quanto teoria è eroismo intellettuale, per Zambrano essa è una «estasi fallita a causa di uno strappo» (Ivi, p. 16). Se la filosofia e la poesia nascono dalla meraviglia, occorre indagare le cause della biforcazione delle rispettive vie, ovvero perché il pensiero predilige un mondo di astrazioni, un intento sistematico, mentre la poesia permane nella contemplazione estatica. La tragedia della filosofia sta «nell'essere anzitutto uno stupore estatico dinanzi alle cose, cui fa seguito un subitaneo farsi violenza per liberarsene» (Ibid.). Nella filosofia - come ha rilevato Ortega - di fronte al principio ascetico di cauta ritirata rappresentato dall'autonomia, agisce un principio opposto di tensione all'universalità, che egli denomina *pantonomia*. In contrapposizione a questa via basata esclusivamente sulla conoscenza Zambrano situa la poesia: «L'altro cammino è quello del poeta. Il poeta non rinuncia, non cerca neppure, perché già possedeva. Possedeva immediatamente ciò che davanti a lui, ai suoi occhi, all'udito e al tatto appariva: possedeva ciò che guardava ed ascoltava, ciò che toccava, ma anche tutto ciò che popolava i suoi sogni, i suoi personali fantasmi interiori, mescolati in tal modo con altri, con quelli che vagavano al di fuori, che uniti formavano un mondo aperto dove tutto era possibile» (Ivi, p. 18). Attuando il principio di autonomia, la filosofia inizia con un drammatico 'strappo'. E così vediamo «già più chiaramente la condizione della filosofia: meraviglia, certamente, stupore di fronte all'immediatezza delle cose, cui fa improvvisamente seguito uno strappo, un brusco allontanamento per lanciarsi altrove, verso qualcosa da cercare e perseguire, perché non si dà, perché non ci fa dono della sua presenza. E qui già inizia l'affannoso cammino, lo sforzo metodico per catturare qualcosa che non abbiamo e di cui abbiamo talmente bisogno, e così rigorosamente, da strapparci da ciò che già abbiamo senza averlo cercato» (Ivi, p. 16). Ma la poesia non «può separarsi, neppure per un istante, dall'origine, per captare meglio le cose e perciò su questo punto si distingue dalla filosofia» (Ivi, p. 23). Il poeta vive nell'incanto di ciò che ci fa dono della sua presenza, del contatto immediato con la bellezza del reale. María Zambrano fa parte di quei pensatori che furono «fedeli alle cose, fedeli alla loro primitiva meraviglia estatica, non vollero mai lacerarla; non avrebbero neanche potuto, perché la cosa stessa si era ormai fissata in loro, impressa nel loro intimo» (Ivi, p. 17). La filosofia, a differenza del maestro Ortega non è conoscenza sistematica della realtà della vita; da questo lato è votata all'insuccesso, in quanto non può cogliere quelle zone di penombra dell'irrazionale. Essa è piuttosto il risultato dell'insuccesso di un'estasi; l'origine di tale caduta viene espressa mediante una ragione narrativa, contrassegnata da un sapere esperienziale, più che tramite l'astratta ragione. La filosofia è il risultato del 'tradimento' del pensiero che distanziandosi dalla 'meraviglia' subì lo 'strappo' del pensiero violento. Intorno al tema della violenza, alla superbia e ad una terminologia di guerra in contrapposizione al principio passivo, appassionato della poesia, al *logos* pieno di grazia e di verità onde poter recuperare la fedeltà alle cose, al 'potere dolce', allo stupore dinanzi alla vita ruotano le riflessioni poetico-mistiche col metodo della ragione poetica, che Zambrano nel '39 invero non aveva ancora del tutto elaborato. E tutto ciò è intriso di speranza che filosofia e poesia ritornino, come erano originariamente, a fondersi in un *logos* in grado di apprendere una 'verità rivelata e indecifrabile', al di là dell'essere e della creazione. Si tratta, in contrapposizione al razionalismo, di un *logos* che renda ragione al di là della stessa ragione di ciò che 'vi è' e di ciò che è', cioè renda presente un'assenza, come aveva affermato Ortega alla fine della lezione V di *Che cos'è filosofia*? «La verità - osserva anche Zambrano - si riconosce già come parziale e la stessa ragione svelatrice dell'essere riconosce la differenza ingiusta tra ciò che è e ciò che vi è» (Ivi, p. 116).

Platone e la condanna della poesia

Nelle prime tre conferenze, Zambrano affronta il celebre tema della condanna platonica (nella *Repubblica*) della poesia senza tuttavia approfondirne il contesto e le motivazioni di fondo, fatta eccezione per la terza conferenza dove accenna a cause teologico-mistiche piuttosto che prevalentemente etico-politiche. Ha inizio così «nella cultura occidentale la vita rischiosa della poesia, quasi respinta ai margini della legge, maledetta, costretta a vagare su accidentati sentieri, sempre sul punto di perdersi, esposta al continuo pericolo della follia» (Ivi, p. 14).

Pensiero e poesia erano inizialmente uniti nella nostra cultura occidentale, come due facce di una stessa medaglia, poiché costituivano l'espressione completa dell'essere umano. «Poesia e pensiero ci appaiono come due forme insufficienti e implicano le due metà dell'uomo: il filosofo e il poeta. Non si troverà l'uomo integrale nella poesia; né si scoprirà la totalità dell'umano nella filosofia. Nella poesia troviamo direttamente l'uomo concreto, individuale. Nella filosofia, l'uomo nella sua storia universale, nel suo voler essere. La poesia è incontro, dono, invenzione con grazia. La filosofia è ricerca guidata da un metodo» (Ivi, p. 13).

Con Platone assistiamo alla scissione tra queste due fondamentali attività umane. «In Platone il pensiero, la violenza della verità ha combattuto una tremenda battaglia con la poesia [...]; se ne sente il fragore in numerosi passaggi dei dialoghi, dialoghi drammatici in cui lottano le idee e al di sotto di esse si intuiscono battaglie ancora più aspre. Forse la più grande è quella di colui che, essendo nato per la poesia, si è deciso invece per la filosofia» (Ivi, p. 18). È in Platone che «la lotta fra le due forme della parola, ingaggiata in tutto il suo vigore, si conclude col trionfo del *logos,* del pensiero filosofico, determinando ciò che potremmo definire 'la condanna della poesia'. Ha inizio così, nella cultura occidentale, la vita rischiosa della poesia, quasi relegata ai margini della legge, maledetta, costretta a vagare su accidentati sentieri, sempre sul punto di perdersi, esposta al continuo pericolo della follia. Nel momento in cui il pensiero compì la 'presa del potere', la poesia si accontentò di vivere ai margini, da cui, esacerbata e lacera, in rivolta perenne, grida le sue sconvenienti verità» (Ivi, pp. 13-14). Commentando il mito platonico della caverna Zambrano ne inverte il senso. Secondo Platone, l'uomo vive in un mondo di finzione e di sogno, da cui cerca la liberazione abbandonando la caverna; al contrario, per Zambrano, allorquando nasce alla coscienza, l'uomo percepisce l'oscurità, è privo di qualsiasi protezione e sta da solo dinanzi alla realtà; per cercare riparo si inoltra, pertanto, nella caverna della 'forma-sogno' alla ricerca di sicurezza: è il regno dello 'essere', mentre al di fuori rimane il mondo della 'realtà', che suscita interrogativi ai quali l'uomo cerca una risposta mediante la ragione. «La conoscenza dei sogni è una finestra – è noto da molto prima di Freud, sin dalla notte dei tempi – o è per lo meno una fessura aperta su una strana verità: la verità della menzogna, della congenita menzogna in cui la creatura umana sembra aver necessità di avvolgersi, così come si avvolgono le creature appena nate: coprendole per difenderle da quelle intemperie in cui si sono gettate dalla nascita. Entrando nel sogno l'uomo cessa per quanto è possibile di essere persona per ritornare creatura» (M. Zambrano, *El sueño creador,* Turner, Madrid 1986, p. 35). Nel mito platonico, l'uomo abbandona la caverna nella quale si sentiva incatenato in un modo di finzione e di ombre per aprirsi alla vera realtà, cioè al mondo esterno. Per Zambrano, al contrario, il mondo esterno è contingente, mutevole e soggetto al tempo; perciò abbiamo necessità di ripararci addentrandoci in un altro mondo di sicurezze creato dall'uomo: quello della 'forma-sogno'. «Entrare nel sogno significa entrare sotto il sogno o piuttosto attraverso il sogno in un luogo sotterraneo, in una grotta [...], cadere nel grembo della vita madre che tutto concede, cessare di prestare attenzione al gioco imposto dalla realtà» (Ibid., p. 35). Il mondo esterno delle verità assolute, di cui parla il mito platonico, costituisce invece, per Zambrano, l'universo di finzioni che ci accoglie nella caverna. All'esterno abbiamo, dunque, la realtà contingente e misteriosa; all'interno, c'è il mondo assoluto e perfetto dello 'essere', con evidenti allusioni ed analogie con la differenza tra essere e realtà teorizzata da Xavier Zubiri. «Succede allora che – scrive Zambrano – l'essere si è installato al posto della realtà» (Ivi, p. 47). Si tratta qui «dell'essere uno, identico a se stesso, senza pori, sottratto al tempo» (Ivi, p. 18, n. 1). In definitiva, «il mondo del sogno è il mondo di Parmenide» (Ivi), mentre Eraclito vive alle intemperie, nel tempo. Secondo Platone, l'ispirazione poetica non è anzitutto di indole intellettuale. «Il poeta è un essere leggero, alato, sacro, che non sa poetare se prima non sia stato ispirato dal dio, se prima non sia uscito di senno, e più non abbia in sé intelletto» (Platone, *Ione*, V, 533-534, in *Opere complete*, Laterza, Roma-Bari 1992, vol. V, p. 367). Contrariamente al filosofo, che ha una totale fiducia nella coincidenza del pensiero con la realtà stessa (*adaequatio rei et intellectus*), il poeta non pretende di definire la realtà, ma si lascia possedere dalle sue luci e soprattutto dalle sue ombre senza disfarsene. «Il poeta – osserva Zambrano – ha da sempre saputo ciò che il filosofo ha ignorato, cioè che non è possibile possedersi da sé. Si dovrebbe essere più di se stessi; possedersi a partire da qualche altra cosa che si situa al di là, da qualcosa che possa effettivamente contenerci. E questo qualcosa non sono più io». (M. Zambrano, *Filosofía y poesía*, cit., p. 112). Il poeta non si affida all'intelletto per adeguarsi alla realtà; al contrario, ogni suo essere è un essere in altro. Platone condanna la poesia poiché ritiene che la natura dell'uomo consista soltanto nella pura ragione, emarginando, quindi, tutto ciò che sfugge al dominio dell'essere. «Solo la poesia ha il potere di mentire, perché solo essa ha il potere di sfuggire alla forza dell'essere. Solo la poesia sfugge all'essere, lo elude, se ne burla» (Ivi, p. 44). Il poeta coglie la vera realtà non mediante la pura razionalità, bensì affidandosi alla memoria per poter ricevere la rivelazione del reale. La poesia, che svela le tracce di un altro tempo e di un'altra vita, non arretra di fronte all'eterogeneità e molteplicità delle cose. Prima di ogni conoscenza intellettuale, il poeta sente una presenza che lo fa essere più di se stesso oltre a mostrargli la sua mendicità «di fronte al vuoto che il suo sentire registra» (M. Zambrano, *L'uomo e il divino*, Edizioni Lavoro, Roma 2001, p. 165). María Zambrano apre una nuova via per fuggire dalle oscurità della caverna senza esporsi alla piena luce ma privilegiando la penombra. «Vale di più – osserva – accondiscendere dinanzi all'impossibilità, che andar errando, sperduto, negli inferi della luce» (M. Zambrano, *Filosofía y poesía*, cit., p. 11). Ecco perché afferma: «Ho preferito l'oscurità che in un tempo ormai passato scoprii come penombra salvatrice, che andar errando, sola, sperduta, negli inferi della luce» (Ivi, p. 11).

Poesia, filosofia e mistica

Allontanandosi progressivamente dal 'sentire originario', la filosofia non esplorerà più la dimensione ermetica del cuore per decifrarne i momenti di sofferenza il cui orizzonte è la rivelazione dell'assenza. È a questo livello pre-logico del sentire originario che è possibile comprendere come «la realtà rivoluzionaria abbia una definizione poetica e non dottrinale. La rivoluzione sarebbe un atto di fede, che si dà all'interno di ciascuno e che miracolosamente si spera che un giorno si produca in tutti» (M. Zambrano, *Luoghi della poesia*, a cura di A. Savignano, Bompiani Milano 2011, p. 473). La valenza strutturalmente sociale della poesia rompe l'ermetismo della realtà mediante una parola in grado di esprimere l'ineffabile e attraverso una voce che, essendo suono inarticolato, non si lascia catturare dal *logos* per essere comunicabile. La voce del poeta, che risuona in fondo ad ogni espressione, è, secondo Zambrano, quella 'solitudine sonora', quella 'musica silenziosa', di cui parlava San Giovanni della Croce. In effetti, il senso si dà già nella cadenza e nell'intonazione della voce che risuona in quel «mare interiore della psiche senza parola, in cui sorgono voci disarticolate, da cui ci arriva continuamente un rumore simile a quello del mare: confuso, anonimo e ritmico» (M. Zambrano, *I sogni e il tempo*, Pendragon, Bologna 2004, p. 71). Il grido, anche senza contenuto verbale, è pura materia sonora che irrompe dalle viscere e fa parte delle rivelazioni della *physis*, che Zambrano interpreta come corporeità vivente, attraverso la quale appare la realtà poetica dell'*ápeiron*. «Ciò che si intende per realtà in senso paradigmatico è il fatto di sentirla provenire da un fondo ultimo, che si potrebbe chiamare *ápeiron*, accettando in questo modo il primo concetto filosofico del reale di Anassimandro. Ma è un tipo particolare di realtà: quello per cui, sebbene sia già quando l'ho percepita, è appena giunta e si rivolge a me proponendomi qualcosa: vuole essere decifrata, essere captata» (M. Zambrano, *Il sogno creatore,* a cura di C. Marseguerra, Bruno Mondadori, Milano 2002 , p. 21).

La vita umana si rivela nel dispiegarsi di un *logos* matematico-musicale, come emerge dalla tradizione orfico-pitagorica, che era stata ingiustamente esclusa dal *logos* della filosofia (specialmente da Aristotele), e che Zambrano tenta di reintegrare all'interno di un sapere più ampio. Con il *logos numero* non si scopre soltanto l'armonia dei contrari, ma anche quell'ombra infinita e atemporale che vive nelle profondità del cuore dell'uomo: l'anima (M. Zambrano, *L'uomo e il divino*, cit., pp. 80-81). La discontinuità della musica permette di pervenire ad un'unità non dell'essere, ma della vita nel suo fluire temporale, proprio in virtù di quel *logos-armonia* che cerca di rendere ragione dell'esperienza umana che il pensiero sistematico non è in grado di oggettivare. Nel pitagorismo, infatti, la parola, che è figlia del numero e del ritmo, non dell'essere, scaturisce da un movimento musicale. Mentre l'universo del *logos* (parola) costituirà la sostanza unica di un principio regolatore del reale, l'universo del numero è, invece, un'unità molteplice, fondata sulla discontinuità che dà origine al sapere molte cose (*polimatìa).*

Ma con la filosofia di Parmenide quell'oscuro fondo indifferenziato diventerà pura unità del divino. «E così, l'*ápeiron*, come punto di partenza di ogni indagine, fu ben presto sostituito dall'uno di Parmenide, la seconda rivelazione conseguita dalla filosofia, una rivelazione ormai esclusivamente filosofica» (M. Zambrano, *Luoghi della poesia*, cit., p. 259). Rispetto a tale ardita concezione, la filosofia pitagorica e le religioni misteriche anteriori avevano contrapposto la discontinuità e l'assenza di ogni finalità. Ma è soprattutto con Aristotele che, ormai lontano da quel "sentire originario", il tempo è riscattato dalla molteplicità poiché è concepito come un tempo pieno, un motore immobile. L'unità aristotelica, distaccandosi dalla *physis*, dal sentire originario, sarà totalmente astratta, sostanza identica a se stessa e sottratta così alla pluralità e al mutamento. «Rimane così enunciata, dichiarata l'azione della Filosofia e del suo risultato, ciò che salva le aporie di questa unità e di questa molteplicità, come appare pienamente in Aristotele: la trasformazione del sacro in divino, poiché questa unità di identità, di essere e pensare, è il nucleo di ciò che si chiama Dio» (M. Zambrano, *Note di un metodo*, a cura di S. Tarantino, Filema, Napoli 2002, p. 108). In nome della volontà di potere, che pervade d'ora in poi tutta la cultura occidentale, Aristotele estende i principi del pensiero a tutta la realtà attraverso la storia. Invece la poesia – e qui Zambrano allude all'epica omerica – non solo precede la narrazione storica, ma genera la stessa storia. «La storia nasce quando si narra e si canta». (M. Zambrano, *Luoghi della poesia*, p. 207). La storia ha progressivamente abbandonato il sostrato musicale da cui scaturisce per configurarsi come costruzione architettonica orientata teleologicamente, alla quale Zambrano oppone la circolarità, la musicalità del *logos* che, rifuggendo dalle esclusioni, rompe le dicotomie ridando così un armonico equilibrio ai contrari. Il potere della poesia sta, infatti, anche nella sua capacità di circoscrivere un vuoto e di disfare attraverso di esso la storia. *Il logos* filosofico totalizzante e totalitario ha progressivamente annullato quanto la vita umana offriva nelle sue rivelazioni rinunciando a quell'intuizione originaria radicata nel sentire. Con la nascita della filosofia s'inaugura un tipo di sapere che chiede ragione delle cose, che domanda senza più porsi in ascolto; con la poesia, invece, la scoperta dell'essere avviene in seguito a una risposta. «L'idea dell'essere in quanto tale prima di essere domanda fu risposta» (M. Zambrano, *L'uomo e il divino*, cit., p. 146). La filosofia, esigendo di cogliere il vero essere delle cose mediante il domandare, ha finito col perdere quella dimensione del senso che la risposta implicava. A causa dell'assolutizzazione della ragione discorsiva, la filosofia, divenuta sempre più impassibile verso qualsiasi rivelazione, farà in modo che solo «quanto è manifesto dev'essere non solo comprensibile, ma immediatamente compreso, ridotto pertanto a entrare in quella rete della ragione che sostiene, e che subito si stabilisce come ragione convenzionale e conveniente [...] Che qualcosa sia dato, offerto: una presenza, anche un'assenza, e persino un cammino, un cammino offerto in dono come la vocazione, è in linea di principio condannato secondo quest'attitudine logica in termini di conoscenza, sottomessa alla storia come si pensa che accade» (M. Zambrano, *Luoghi della poesia*, cit., p. 239). Invece, la risposta poetica che precede la domanda filosofica, implica non tanto la sfera visiva, come avviene nella filosofia, quanto l'ascolto, il cui centro è il cuore, non l'intelletto. Come ha rilevato Ortega Muñoz, la visione filosofica «tende ad essere una visione estatica spaziale ed a fissare di conseguenza la realtà in strutture stabili, mentre la visione poetica percepisce l'essere fluente della realtà, espresso piuttosto nel fluire del tempo, che la musica riduce all'unità» (J.F.O. Muñoz, *L'unità di filosofia e poesia in María Zambrano*, in M. Zambrano, *Luoghi della poesia*, cit., p. 103). Mentre il poeta si affida con umiltà all'ascolto di ciò che ha ricevuto in dono, il filosofo, che aspira al potere ed al predominio, privilegia l'idea per «delimitare ogni cosa, ogni essenza nella sua forma» (Ivi, p. 563). L'evidenza conseguita attivamente dal filosofo attraverso l'idea riflette una coscienza solitaria e perde ciò che invece richiede di essere captato passivamente. La solitudine del filosofo gli impedisce di vivere in comunità, nonostante Ortega y Gasset avesse «immaginato la vita come dialettica di solitudine e compagnia e avesse detto che 'vivere è convivere'» (M. Zambrano, *Filosofía y poesía*, cit., p. 103). Mentre il filosofo è un io autosufficiente in contrapposizione alla presenza di un altro, nel poeta c'è piuttosto un deserto, un vuoto, perché solo quando una presenza si manifesterà, giungeranno con essa tutte le altre. «L'esistenza dell'io, dell'io che pensa si rivela nella coscienza solitaria; nella solitudine del cuore non si sa chi parla, giacché è dal silenzio dove risuona la parola come venuta da lontano; come se qualcuno abbandonato e infine atteso cominciasse a snocciolare il suo segreto: è l'oscurità che si schiude e una chiarezza non vista comincia a brillare; qualcosa che brilla senza essere illuminato» (M. Zambrano, *Luoghi della poesia*, cit., p. 583). Si tratta di quella presenza che si rivela nell'assenza. A tal proposito, Zambrano distingue tra: 1. un'assenza che rimanda a qualcosa che non è più presente, e 2. ad un'assenza che si riferisce a ciò che giammai è stato presente alludendo in tal modo all'ineffabile che solo la parola poetica riesce a cogliere nel silenzio dell'ascolto che contraddistingue sia l'ispirazione poetica sia l'esperienza mistica. Richiamandosi a quel 'realismo materialista spagnolo' che rifugge da speculazioni filosofiche astratte, con particolare riferimento alla grande tradizione mistica del Secolo d'oro ed alle suggestive osservazioni di M. De Unamuno (Cfr. M. De Unamuno, *Filosofia e religione*, Bompiani, Milano 2013, a cura di A. Savignano), Zambrano cerca con tenacia di recuperare e valorizzare tutti quei generi letterari che hanno portato abbondanti frutti attraverso un pensare che è prima di tutto amore per la realtà concreta e molteplice. L'amore rappresenta il motore che consente quel trasferimento del centro di gravità in altro. La perfetta unità di amore e conoscenza viene a volte e fugacemente raggiunta proprio nell'esperienza mistica e nell'ispirazione poetica, dove si attua un misterioso contatto tra reale e soprannaturale, tra presenza e assenza. La teoria della ragione poetica nasce da questo sostrato mistico che in Zambrano costituisce un metodo vero e proprio per superare i radicalismi razionalistici ed idealistici, caratterizzati dalla volontà di sistema, che producono intolleranza, totalitarismo e violenza. Invece la prossimità tra il mistico e il poeta – ed anche l'esiliato – emerge dal fatto che essi non hanno un proprio posto nel mondo «né geografico, né sociale, né politico, né – cosa assolutamente decisiva per poter dar vita a quello sconosciuto – ontologico» (M. Zambrano, *I beati*, SE, Milano 2015, a cura di C. Ferrucci, p. 36). Delineando a suo modo una storia dei rapporti tra filosofia e poesia, Zambrano pone in luce il ruolo del cristianesimo che grazie alla visione platonica dell'amore ha potuto far spazio alla poesia nell'ambito dell'ascetica cristiana. Con la *Divina Commedia* dantesca si realizza un «momento felice, talvolta irripetibile di unione, senza vaghezze e nebulose identificazioni, tra poesia, religione e filosofia» (M. Zambrano, *Filosofía y poesía*, cit.,p.75). Rispetto alla mistica, sottolinea fin d'ora «una questione grave, se cioè ogni poesia sia in definitiva mistica o la mistica sia nella sua radice poesia; una forma di religione poetica o religione della poesia» (Ivi, p. 75). Nel pensiero moderno, Zambrano indaga su quella che chiama 'metafisica della creazione' dei sistemi idealistici, per la quale l'io, a differenza del Medio Evo, è considerato libero, autonomo e soprattutto creatore. Pertanto, l'arte, quale manifestazione dell'assoluto, assurge a funzione divina nei pensatori dell'idealismo romantico tedesco. Nel romanticismo, poesia e filosofia «si abbracciano, giungono a fondersi in alcuni momenti con una furia appassionata; come amanti separati per lungo tempo e che nell'incontro presagiscono che la loro unione non sarà duratura, si fondano con la passione che precede la morte» (Ivi, p. 79). Rispetto alle esagerazioni romantiche cercano di ristabilire un certo equilibrio figure come Baudelaire e soprattutto Kierkegaard, dal momento che l'artista ritorna nel suo *status* di 'creatura' e per la prima volta la poesia si divide dalla filosofia e assurge a potere imperiale riducendo il ruolo dell'ispirazione, da delirio irrazionale dei romantici, a mero 'lavoro'. Con P. Valéry e la poesia pura si assiste all'identificazione tra pensiero e poesia sulla base di quest'ultima, in quanto il poeta a partire dalla poesia acquisisce vieppiù 'coscienza pura del suo sogno' e 'necessità per il suo delirio'. «E la poesia pura afferma dal versante opposto del romanticismo ma con maggiore profondità, con maggiori diritti, potremmo dire, che la poesia è tutto. Tutto, naturalmente, in relazione alla metafisica; tutto, relativamente alla conoscenza; tutto per ciò che concerne la realizzazione essenziale dell'uomo. Al poeta è sufficiente far poesia per esistere; è la forma più pura di realizzazione dell'essenza umana» (Ivi, p. 84).

Nel delineare i rapporti tra poesia e metafisica, nelle ultime due conferenze del libro, Zambrano utilizza la nozione di potere nel senso di dominio per differenziare poesia e filosofia nell'esistenzialismo. Riconoscendo ella stessa una procedura arbitraria sostiene l'implicazione tra potere e angoscia, in quanto c'è libertà. D'altra parte solo il sistema, quale 'muraglia di ragioni' e «ultimo e decisivo sforzo di un essere naufrago nel nulla che può contare solo su di sé» (Ivi, p. 87), è in grado di dar sicurezza all'uomo angosciato. Solo la poesia, che ha preso le distanze dalla volontà e dal potere, può dare alla creazione poetica amore per l'essere piuttosto che predominio violento su di esso. A differenza dell'uomo d'azione affascinato dal potere, «vi è chi si incatena per l'incanto di una presenza, per amore; vi è chi si incatena rinunciando o non percependo neppure l'infinità del potere. Quest'ultimo è il poeta. Il poeta è incatenato per l'incanto, e non perviene all'attualità del potere» (Ivi, pp. 93-94). La poesia ha una «integrità maggiore della metafisica» (Ivi, p. 97), a differenza del filosofo che pone la salvezza nella libertà di ricerca disinteressata. Mentre la filosofia avanza nel tempo e nella storia, la poesia "disfa la storia", si distanzia dagli eventi alla ricerca del sentire originario al di là del tempo e della stessa angoscia. Il poeta non si rassegna a perdere la 'patria originaria' che tuttavia non può incontrare nel solipsismo bensì in comunione con gli altri essendo la sua missione e vocazione quelle di un mediatore. Ciò nonostante Zambrano non si rassegna alla dicotomia tra filosofia e poesia allorché sostiene: «Non sarà possibile che un giorno fortunato la poesia raccolga tutto ciò che sa la filosofia, tutto ciò che apprese nel suo allontanamento e dubbio, per fissare lucidamente e per tutti il suo sogno?» (Ibid., p. 99). Il metodo della ragione poetica non è altro che un rincorrere indietro nel tempo ma fuori del tempo quel sogno originario dove filosofia e poesia erano unite per svelarne la presenza nei momenti di contemplazione estatica. Proprio a questo è dedicato tutto il pensiero di Maria Zambrano mediante l'originale teoria della ragione poetica, che ha aperto in tal modo una via nuova nella post-modernità.

Quando l'ignoto genera ombre sorelle

Stefano Iori

Da' al tuo detto anche il senso: dagli ombra

Paul Celan

Poesia e filosofia sono intensità del pensiero che da millenni vivono in quella che potremmo definire una sorta di simbiosi: amore per la parola che si fa ragione e amore per la parola declinata in versi che stregano sono complementari, ovvero rappresentano l'estensione reciproca delle rispettive istanze seduttive, pur nella distinta personalità formale. Si tratta di due ardenti tensioni le quali, grazie al flusso e alla forza delle loro molteplici contaminazioni, alimentano un movimento che, visto nel suo insieme, disegna una duplice spirale lanciata nell'universo (im)pensabile. La metafora della doppia spirale indica l'avvolgimento, il viluppo labirintico, il luogo critico, muovendosi nel quale l'interrogazione rivolta al senso si caratterizza come interpellanza con cui si investe l'implicito (in senso matematico), quale funzione che non è assegnata direttamente, ma in via indiretta mediante un legame tra le variabili indipendenti e la funzione stessa. Ciò senza l'urgenza di esaurirlo, semmai con la necessità di rinnovarlo, arricchendolo così incessantemente di significato.

Ma partiamo dall'inizio, dagli albori dell'umanità. Vedremo come la tesi della coestensione biunivoca e simbiotica di poesia e filosofia abbia illustri e antiche radici.

In origine la poesia, la scienza e la filosofia si manifestarono come fenomeno unitario, intrecciate fra loro in testi poliedrici sorretti da una *vis* creativa unificante. A supporto di tale tesi sono da menzionare alcuni dei più antichi scritti a noi giunti: gli inni del *Rig-Veda*, la successiva *Bhaga-vad-gita,* il *Poema di Gilgamesh* (che anticipa in qualche modo il viaggio di Ulisse ma anche il pellegrinaggio di Dante all'inferno), la *Torah.* Si tratta di grandi componimenti metafisici, in cui la visione multiforme della superficie testuale non è che un velo fantasticamente istoriato che adombra e nel contempo illumina gli abissi del presente (quello di millenni fa) così come quelli della nostra vita futura. Hanno forma poetica ma dicono di invenzione e di misure, di fantasticherie cosmogoniche mischiate a evidenze reali, sottendono ricerca al pari di immaginazione.

Venendo alla cultura della Grecia antica, grandi pensatori quali Empedocle, Eraclito, Parmenide scrivevano in versi; lo stesso Platone era poeta e filosofo a un tempo; e poi ci fu il latino Lucrezio.

A questo primo periodo di *con-fusione* tra le arti dell'intelletto seguì un'evoluzione corrispondente a una sorta di *ripartizione del lavoro*: i filosofi se ne andarono per le vie nebulose della metafisica; gli scienziati si chiusero nel cerchio ristretto della ricerca compartimentata; i poeti imboccarono un percorso che ben presto si diramò in cento rivoli. I trovatori del Basso Medioevo, abbandonarono le alte cime del pensiero per trastullarsi nella descrizione di amori e leggiadre imprese, riducendo la vita cantata ai sensi e alle emozioni (senza trascurare, però, sottintesi critici verso questo o quel potere dominante). Altri emularono sacre scritture. Altri ancora intrapresero viaggi via via più intimi e decisamente personali.

Nonostante lo sbandamento dall'*unicum* creativo che caratterizzò alcune generazioni di poeti all'indomani degli esordi dell'umanità, sono poi da menzionare e ricordare, nell'ambito della nascente lingua italiana, grandi maestri che tornarono a dimostrare come, oltre la superficie del bel verso, ci potesse essere dell'altro. Vennero, fra tutti, Dante Alighieri e Francesco Petrarca a rianimare la scena, avvicinando di nuovo, e fortemente, la poesia alla filosofia. E poi, saltando nel tempo, Giacomo Leopardi, poeta-filosofo per eccellenza.

La scienza, tranne rarissimi casi, si confermò come ambito a sé.

In epoche ancor più recenti la duttilità della poesia portò altri autori a *ri-con-fondere* le idee. Rainer Maria Rilke (1875 - 1926), Giorgio Caproni (1912 - 1990), Paul Celan (1920 - 1970), Yves Bonnefoy (1923 - 2016), Flavio Ermini (1947), Cesare Viviani (1947) si ritrovarono a essere classificati come poeti-filosofi in quanto iscrivibili in un sistema creativo aperto in cui l'assioma non trova giustificazione. Si tratta di autori comunemente definiti *di ricerca* o, banalmente, *difficili*: entra qui in gioco l'eco della poesia solamente nominata o al massimo evocata, ma trascurata dai più. All'analfabetismo vero e proprio, che dilagava in un passato non troppo lontano, fa eco tutt'oggi l'*analfabetismo poetico*.

Riporto qui un pensiero di Sonia Caporossi che sostiene, a mio avviso correttamente, come la macrodistinzione tra poesia lirica e poesia di ricerca sia di fatto una falsa questione, «perché può essere presa per buona a livello essoterico, ma è inutile, fallace e dannosa a livello esoterico». La poesia, per dirla in breve, è intensità *una*. Anche l'aggettivo *difficile* appare destinato alla medesima considerazione: da archiviare quale termine meramente accidentale.

La buona poesia non si sottrae mai alla comprensibilità, ovvero alla riconducibilità a un contenuto, sebbene a volte questo sia complesso e dissimile dal dire comune. Anzi, sua prima istanza è la comunicabilità, sottesa alla sua natura primaria di linguaggio (caratterizzato dalla propria forma e non dal contenuto). Cito ancora Caporossi quando dice che «la poesia non è la prosa banale, non è il linguaggio quotidiano. Occorre quindi individuare il principio fondante del poetico, su cui si basi meta-analiticamente la natura insieme comunicativa e trasfigurata della poesia in quanto tale, quel *quid* che ne determina la sostanza e che la sottrae alla banalità del linguaggio quotidiano». Questo principio fondante sta nella propensione della poesia a decostruire il linguaggio comune e poi a restituirlo in una modalità creativamente insolita. Gino Baratta nel suo saggio *Costellazioni di senso e poesia*[76], affermava, riferendosi alla poesia contemporanea, che essa è «un *gioco* metalinguistico, una ricerca degli infiniti possibili [...]. Il poeta non è colui che penetra e spiega (semmai questi è il filosofo[77]), quanto colui che attraversa [...]. Il poeta è colui che descrive interminabilmente le tracce di un senso e di un linguaggio dispersi, in continua espansione, onnivettoriali».

La poesia può rendere formalmente complessa la propria comprensibilità tramite uno *scarto*, ossia lo spostamento simbolico di senso dall'immediato del banale alla mediatezza del figurale. Per questo la poesia non va solamente letta, o anche solo amata per com-passione. Va studiata nella sua ardente complessità.

Verità politiche alternative e necessarie

Al termine dell'*excursus storico* sulla poesia che pensa, proiettiamoci nel contemporaneo.

Soprattutto oggigiorno, quando la mente è ormai potenzialmente libera da superstizioni e contorcimenti confusi, il poeta non può certo raccontare menzogne e anzi tende a ficcare la sua penna sempre più a fondo nel cercare il vero: assoluto, personale, fors'anche illusorio e, naturalmente, sempre provvisorio. L'abbaglio non gli appartiene, semmai egli si fa intrigare dal malinteso, ovvero da ciò che può essere inteso differentemente, così da innescare il *due* della scoperta.

«La verità va perseguita e l'intelligenza deve essere al servizio della verità. Quando l'intelligenza contraddice la verità, non va né soffocata né piegata. Occorre dire non so, e studiare» sostiene Haim Baharier.[78]

La spinta alla verità esalta la lingua, sicché il filosofo che pure, a suo modo, insegue il vero, è come il poeta: custode della lingua. Il compito di depositario, guardiano e sacerdote del linguaggio umano che si sdoppia nelle due arti sorelle, sostiene il filosofo Giorgio Agamben, è *ge-*

---

[76] Testo compreso nel volume *Le rovine del senso*, Cappelli Editore, 1982.

[77] N.d.R.

[78] Cfr. *Generare è rispondere o domandare?*, Mimesis, 2021.

nuinamente politico, soprattutto in un'epoca, come l'attuale, nella quale si afferma con insistenza l'insano tentativo di confondere e falsificare il significato delle parole, per ottenere facile consenso o per affermare idee traballanti che nulla hanno a che fare con la ricerca della verità e della bellezza, e questo grazie al fenomeno della *riduzione* della parola stessa al ruolo di portatrice di contenuti programmati e omologati.

Poeta e filosofo, quindi, combattono l'appiattimento del pensiero liquido dominante, ne costituiscono l'alternativa necessaria. Se è vero, come è vero, che ciascuno di noi è un'entità irripetibile[79], fatto che alimenta la necessità del dialogo profondo e particolare, non si comprende perché mai dovremmo abbracciare un pensiero nell'ambito della povertà del linguaggio comune.

Oggi più che mai, in una dimensione che ci propone continue soglie da sorpassare in velocità, entra in gioco, l'idea del superarsi, del divenire altro da sé in ottica evolutiva.

Il poeta, sostiene la studiosa Rosaria Di Donato, «è inchiodato alla croce della parola che è per lui dannazione e salvezza in modo totale ed esclusivo: questo è il suo destino». *Totale* perché la parola lirica esprime tutta l'interiorità del soggetto: il suo modo di vedere, pensare, sentire, dire. *Esclusivo* è termine probabilmente usato dall'autrice come rafforzativo, ma forse sarebbe meglio dire *inclusivo*, poiché il destino del poeta è quello di accogliere la realtà e l'irrealtà, il noto e l'ignoto, il limite e l'illimitato. In tal senso ecco che il termine *inchiodato* diviene di fatto surreale.

Il cammino del poeta è allineato a quello del filosofo, diversamente cadenzato, appena scostato, ma il traguardo (sempre provvisorio) è davvero simile, forse il medesimo per entrambe le figure. «Il compito del poeta non è dire le cose avvenute, ma quali possono avvenire e le possibili secondo verosimiglianza e necessità», sosteneva Aristotele nella sua *Poetica*. Il lavorìo del filosofo non diverge da quest'ottica. Ricerca, superamento, elevazione a stati di pensiero sempre più alti e nel contempo profondi sono i cardini del suo impegno.

---

[79] Cfr. Roberto Della Rocca, *Con lo sguardo alla luna*, Giuntina, 2015.

All'inseguimento dell'ignoto

Il già citato Leopardi definì, nello *Zibaldone*, filosofia e poesia come «le facoltà più affini tra loro». Lo stesso autore avrebbe alla fine considerato criticamente la filosofia *vera e perfetta*, ma forse perché di vero e perfetto a questo mondo c'è poco, anzi nulla. E qui torniamo alla complementarietà delle due discipline, poiché il nulla è argomento forte della poesia come della filosofia.

«Niente sappiamo del dialogo che intercorre tra poeti e pensatori che abitano vicino su monti quanto mai separati». Questa affermazione dalle sfumature paradossali, tratta da *Che cos'è la metafisica* di Martin Heidegger, sembrerebbe chiudere in qualche modo il dibattito sviluppatosi particolarmente in epoca romantica intorno alla questione del primato della poesia o della filosofia: le due modalità di pensiero e azione sarebbero vicine ma separate. Tuttavia la frase del filosofo tedesco andrebbe oggi interpretata come l'apertura a una nuova prospettiva ermeneutica nella quale il rapporto fra arte della scrittura lirica e arte del pensiero puro non può che essere reimpostato in vista di una nuova comprensione, nella dimensione dell'incertezza che ormai è lo stato del nostro mondo liquido. «Per ogni determinatezza, per ogni definizione, si accumulano anche le indeterminazioni, le quali mettono in mostra, non l'irrealtà, le infondatezze o le idee vuote, ma due movimenti inseparabili eppure distinti» sostiene Rosa Pierno, poeta e critica della poesia. Anche da questa citazione viene l'idea della doppia spirale cui prima si faceva cenno.

Le relazioni tra filosofia e poesia possono essere le più differenti: armonia, controcanto, occasione, declinazione, risonanza, complicità o addirittura rifiuto, se in termini ri-creativi.

Poesia e filosofia possono illuminarsi vicendevolmente poiché le loro ombre sono della stessa immateriale natura. Incerte in quanto perennemente neo-nate, anzi, neo-nascenti. La creazione, la forza di far sorgere il *nuovo*, è nel linguaggio, come sostiene Martin Buber, e a parlare è innanzitutto (sempre per primo) l'ignoto, il mistero. Dal poeta e dal filosofo non può che venire responsabile risposta a quel richiamo arcano. Il rispondere fa di noi gli animali singolari e straordinari che siamo.

Le due arti supreme, del pensiero e della parola lirica, possono essere efficacemente accolte, nel loro inestricabile intreccio, quali forme di dialogo rivolto all'ignoto, ovvero come disegno (e mappatura) *in progress* di una dimensione creativa, fatta di *ethos* e *phatos* assieme, che sopravanza ogni rappresentazione concettuale così come finora si è comunemente inteso: forse non c'è alcuna verità da raggiungere e dimostrare, ma questo non significa che sia impossibile confrontarsi (dialogare) con ciò che non è propriamente reale e persino con il nulla.

«Nella mandorla – cosa sta nella mandorla? / Il nulla. / Sta il nulla nella mandorla. / Esso sta e sta / E il tuo occhio – dove sta il tuo occhio? / Il tuo occhio sta in-contro alla mandorla. / Il tuo occhio sta in-contro al nulla. / Esso sta verso il re. / Esso sta e sta». Paul Celan, autore di questi versi, ci dice che Dio coincide con la sua stessa assenza. Egli è il nulla, il nulla illimitato: un'idea che sconcerta ma che spiega, fideisticamente ma anche laicamente, l'amore per l'ignoto esaltato da poeti e filosofi.

Marianna Rascente, nel suo libro *Metaphora absurda – Linguaggio e realtà in Paul Celan*[80], scrive: «Persa o distrutta la realtà storica, ridotta a *nulla*, alla poesia tocca il compito di guadagnare ancora realtà viva. Alla poesia l'arduo tentativo di traghettare il linguaggio e il mondo da una realtà storica, frantumata e assente (dopo gli orrori annullanti della *Shoah*[81]), a una realtà poetica del fare». Questa affermazione mi pare assai affascinante, soprattutto oggi, quando è stato un virus maligno a disgregare ulteriormente la realtà, non solo quella della Storia, ma addirittura quella che si delineava solo un paio d'anni fa nelle prospettive di ciascuno di noi.

---

[80] Franco Angeli, 2010.

[81] N.d.R.

Il ritorno al nulla

A conclusione di quanto fin qui scritto è possibile affermare che una poesia e una filosofia che non comunicano nemmeno dicono, sono nulla. E naturalmente non potranno mai nemmeno corrispondere a questo *nulla*. E ciò benché il *nulla* esista e porti a dire.

In merito a queste ultime considerazioni, e al nulla in particolare, torno a uno dei testi antichi citati all'inizio: la *Torah*. In specifico porto ad esempio il *Cantico dei cantici* e il *silenzio sottile* di Elia. Ciò che accomuna questi due passi del Libro è l'*assenza*.

Vale la pena premettere che nella Cabbalà *Ein Sof*, ovvero *Nulla Infinito*, è l'espressione usata per concepire Dio prima della sua automanifestazione, ma nello *Zohar*, libro basilare della tradizione cabbalistica, si riduce il termine a *Ein* (non-esistente), perché Dio trascende la comprensione umana al punto di essere *praticamente* inesistente.

Il *Cantico* (*shìr hasshirìm*, cantico sublime) fu composto probabilmente nel IV secolo prima dell'era volgare, forse da Salomone, ed è uno degli ultimi testi accolti nel canone della Bibbia ebraica. «Si commenta il Cantico – scrive Guido Ceronetti - per un'oscura intolleranza del suo vuoto (assenza del nome di Dio[82]). Se non c'è Dio allora è più che mai divino. Se c'è l'amore umano allora è la noce dell'amore angelico. In verità, il vuoto del *Cantico* è lì per confermarne la sacralità. Tutto quel che è vuoto, il *vacuum* lucreziano, il deserto, una fossa, una carcassa, è una parte del Grande Mistero, significa attesa di Qualcuno o Presenza occulta. Il *Cantico* è un pezzo di vuoto sacrale. Se dico che il *Cantico* è vuoto sembra che voglia negargli il sacro. Dico invece che è vuoto per non negargli niente».

In buona sostanza, dunque, nel *Cantico* Dio non c'è, ma tutto il testo in questione tende a Lui. A riempire il vuoto che la Sua assenza genera. Una tensione che è ricerca, evocazione e, potrei azzardare, *creazione* di Dio stesso da parte dell'uomo. E questo è uno degli aspetti più intensi dell'ebraismo, sotteso anche dalla lettura esegetica di Ceronetti.

---

[82] N.d.R.

L'Altissimo non poté specchiarsi nella creazione, dice la tradizione, così alla vigilia del primo *shabbat* creò l'alfabeto. Tramite questo, elidendo il popolo suo il nome santo, Egli visse e vivrà nell'invenzione perpetuata dal mistero della parola. Sappiamo infatti che nell'ortodossia ebraica il nome di Dio non si può invocare (a ragione o invano) ed è quindi sostituito da sinonimi come *Adonai* (Signore) o *Hashem* (il nome... che non si può pronunciare). Essenza senza nome, desiderio, speculazione intellettuale, invenzione, sacralità. Questi i passaggi che portano l'uomo a vivificare l'idea di Dio. Filosoficamente e poeticamente.

E veniamo a *Demāmâ,* parola che indica il silenzio in cui il profeta Elia trova Dio: «Ed ecco il Signore passa e davanti a Lui soffia un vento impetuoso e gagliardo che sconquassa i monti e spezza le rupi, ma non nel vento è il Signore; dopo il vento viene un terremoto, ma non nel terremoto è il Signore. Dopo il terremoto un fuoco, ma non nel fuoco è il Signore, e dopo il fuoco una voce di silenzio sottile (*qôl demāmâ daqqâ*). Come l'udì, Elia si coprì il volto col mantello [...] » (*Libri dei Profeti* o *dei Re* 1-19,11-13).

Una *voce di silenzio sottile*, dunque, o una *voce di silenzio svuotato*, come sostiene il teologo ed esegeta Gianantonio Borgonovo. Quest'ultima versione descrive compiutamente il punto di arrivo dell'estasi del profeta: non la semplice percezione che Dio è lì, ma quella di una presenza che è assente, svuotata, appunto. Non c'era modo più essenziale per esprimere l'apice del trasporto mistico di Elia di un ossimoro tanto carico di significato: *qôl demāmâ daqqâ*. Il momento estatico diviene uno stato di coscienza caratterizzato da un'attenzione concentrata a tal punto che il soggetto si perde nell'oggetto. Non c'è più percezione, o meglio vi è la percezione di non percepire. Il profeta accoglie così perfino un'essenza che si fa sentire nella propria assenza. *Demāmâ* è parola chiusa in se stessa eppure aperta al futuro. Elena Loewenthal, scrittrice e traduttrice, afferma in proposito che «la cosa che le va più vicino, in italiano, sono i due punti: una pausa nelle parole, una promessa di quel che verrà dopo».

Sintetizzando i significati delle due esperienze con l'assenza sopra accennate potremmo dire che il silenzio è la *forma non forma* dei nostri modi di affrontare (pensare) l'ignoto che nella sua immanenza ci rende attoniti e muti, ma capaci di intendere l'inudibile.

Il silenzio e l'assenza possono essere plurali nelle loro significazioni, così come lo è l'ignoto stesso cui ci si può riferire con molteplici domande ottenendo altrettanto molteplici risposte, per lo più inverificabili, sicché la loro malia non tramonta da millenni.

Circa il silenzio voglio ricordare un'affascinante definizione della poesia data dal critico e poeta Gio Ferri: «errore del silenzio». E sempre in merito è opportuno almeno citare il capolavoro di André Neher *L'esilio della parola. Dal silenzio biblico al silenzio di Auschwitz*, opera da cui si ricava l'origine del vitalissimo *forse* ebraico.

Poiché ormai nessun dio parla più all'uomo, ecco il *grande silenzio* che da secoli incombe sull'umanità tutta. Proprio questa assenza ormai (o da sempre?) totale viene a riempirsi della poesia e della filosofia, specchi della volontà di comprendere almeno la natura se non il soprannaturale. Ma anche limitando l'obiettivo a ciò che ci circonda o pervade, il mondo *materiale* e quello *immateriale* del nostro inconscio, che affonda le radici nel passato e nel contempo ci porta alle illusioni sul futuro, non riusciamo a ottenere certezze soddisfacenti. Possiamo solo continuare a provarci e forse è proprio ciò che poeti e filosofi fanno e faranno abbracciando l'*inconnu* in una sublime danza, ruvida e necessaria. Sottolineo come la cultura occidentale abbia di fatto esiliato l'incertezza (e quindi l'ignoto). Ma abbiamo dimenticato che esiste una passione dell'incertezza, un brivido da essa suscitato.

Sacra deriva creativa

Concludo con alcuni cenni alla sacralità. Poeti e filosofi talvolta si acquattano nella profondità della scena del sogno o nell'ipogeo di qualche caverna, dove illusione e realtà confliggono (Platone insegna). Forse così fanno comprendendo la *dimensione concava* della poesia e della filosofia, arti che sanno approfittare della *perdita dei significati* (emblema della riduttività omologata del mondo contemporaneo, animato dalla polifonia di nuove, potenti sovrastrutturalità) per produrre «una sacra deriva creativa, pronta a transitare in ogni luogo, comune o proibito», scrive ancora Baratta in *Costellazioni di senso e poesia.* Sacra deriva, dunque, quasi un rifugio salvifico. Pronunciando la parola *sacro*, in accezione sostantivale o aggettivale, è facile liberare gli spettri di nomi quali sacramento, sacrificio, sacrario, sacrilegio, e finanche sacrestia, coro semantico facilmente ambientabile nel teatro della religione, soprattutto nel contesto di una cultura, quella italiana, profondamente segnata dal cattolicesimo. Eppure è possibile liberare questo lemmario dalla pesante ipoteca di dogmi e precetti per restituirgli un significato più pregnante e sostanziale che appare assai utile a ricordarci la nostra natura originaria, quella modalità di essere dalla millenaria storia che spinge inevitabilmente l'umanità curiosa a porsi domande e a tentare risposte aventi a che fare con la dimensione della sacralità. «Pensare è scommettere sulla domanda contro il destino» afferma, sempre in *Generare è rispondere o domandare?*, Baharier. Perché nulla è scritto.

Anche escludendo ogni approccio metafisico, spiritualistico o fideistico, la vita ha bisogno di essere considerata sacra in sé qualora si voglia evitare di avvilirla e declassarla, come è accaduto ogni volta che l'uomo ha tentato la via dell'onnipotenza, esasperando l'antropocentrismo fino ad accettare un'illusione distopica cui la Natura stessa sembra oggi ribellarsi. Con ciò non auspico un ritorno all'antico, né pavento post-illuminismi o trans-umanesimi, piuttosto spero in una memoria degna della Storia stessa, intesa come vigore consolidato del dubbio, sano e sacro, capace di animare la nostra irripetibilità anche nell'affrontare i cambiamenti che verranno.

Siamo opera in balia del divenire, mai stabile, mai sazia delle proprie trasformazioni; siamo incapaci di controllare ciò che ci muta. Da qui i dubbi, che possono solo essere ordinati, mai sciolti, percorrendo e ripercorrendo la memoria. E quest'ultima non è cosa fissa, data una volta per tutte: essa si decostruisce e si ricostruisce, si ri-crea sviluppandosi in termini di rinnovamento. «L'età dell'oro - scrive la poeta Mariangela Gualtieri - è un ricordo che viene dal futuro».

Gli autori

Sonia Caporossi è musicista, musicologa, scrittrice, poetessa, critica letteraria, artista digitale. Si occupa di estetica filosofica e filosofia del linguaggio. Fra le sue più recenti pubblicazioni sono da ricordare la silloge poetica *Erotomaculae* (Algra Editore, 2016); la raccolta di saggi *Da che verso stai? Indagine sulle scritture che vanno e non vanno a capo in Italia, oggi* (Marco Saya, 2017); il romanzo *Hypnerotomachia Ulixis* (Carteggi Letterari, 2019); la trilogia poetica *Taccuino dell'urlo* (Marco Saya, 2020); *Taccuino della madre* (Edizioni Progetto Cultura, 2021); *Taccuino della cura* (Terra d'ulivi, 2021). Dirige per Marco Saya Edizioni la collana di classici italiani e stranieri *La Costante Di Fidia*. Dirige i blog *Critica Impura*, *Poesia Ultracontemporanea*, *Disartrofonie;* tiene la rubrica *Poetica More Geometrico Demonstrata* su *Poesia del Nostro Tempo*.

Ornella Crotti, Ph. D. in Filosofia morale e politica è stata docente di filosofia presso il Dipartimento di Scienze Umane dell'Università di Verona ed è attualmente collaboratrice alla didattica nel Master "Comunicazione interculturale e gestione dei conflitti" del Centro studi interculturali della stessa Università. Studiosa del pensiero di Hannah Arendt e di Agnes Heller, tra le sue pubblicazioni sono da ricordare: *Hannah Arendt. La passione del pensare* (Tre Lune Edizioni, 2004);

La bellezza del bene. Il debito di Hannah Arendt nei confronti di Immanuel Kant (Mimesis Filosofie, 2010); *Agnes Heller. Un'etica in cammino* (Mimesis Filosofie, 2020).

Danilo Di Matteo consegue la laurea in Medicina a Chieti e si specializza in Psichiatria. Scrive sul periodico *Quaderni Radicali*, sul settimanale protestante *Riforma*, sul quotidiano *Il Riformista*. Suoi contributi vengono pubblicati dal mensile *Le ragioni del Socialismo* e dal quotidiano *l'Unità*. Collabora con il mensile *Mondoperaio*. Nel 2020 consegue la laurea triennale in Filosofia; la sua tesi, con prefazione di Daniele Garrone, introduzione di Francesco Paolo Ciglia e postfazione di Salvatore Veca, viene pubblicata nello stesso anno da Mimesis Edizioni con il titolo: *L'esilio della parola. Il tema del silenzio nel pensiero di André Neher*.

Flavio Ermini è poeta, narratore e saggista. Nel 1976 fondò la rivista *Anterem* assieme a Silvano Martini. Fa parte del comitato scientifico della rivista internazionale di poesia *Osiris* e della rivista di studi filosofici *Panaptikon*. Tra le sue più recenti opere sono da ricordare: in poesia *Il compito terreno dei mortali* (Mimesis, 2010); per la narrativa *L'originaria contesa tra l'arco e la vita* (Moretti&Vitali, 2010, Premio Feronia dello stesso anno); per la saggistica *Della fine. La notte senza mattino* (Formebrevi, 2016). Per Moretti&Vitali dirige la collana *Narrazioni della conoscenza*. Per Cierre Grafica dirige, con Eugenio Borgna, Umberto Galimberti e Vincenzo Vitiello, la collana *Opera Prima*.

Stefano Iori, giornalista professionista, è direttore artistico del festival *Mantova Poesia*, nonché direttore della rivista letteraria *Menabò* e della collana *Pensiero Poetico* (Terra d'ulivi). Si è occupato di saggistica in campo teatrale e cinematografico. Tra le sue ultime opere in poesia ricordiamo *L'anima aggiunta* (SEAM, 2014; seconda ed. Pellicano, 2017) e *Lascia la tua terra - Sinfonia del congedo* (Fara, 2017). Ha pubblicato il romanzo *La giovinezza di Shlomo* (Gilgamesh, 2015).

Ha firmato il trattato *Animali fantastici dell'ebraismo. Ziz, Léviathan, Behemoth, Shamìr* (Terra d'ulivi, 2020) e il volume di racconti *I semi dell'incanto* (Gilgamesh, 2021).

Rosa Pierno, architetto, ha collaborato con le riviste *Anterem* e *TestualeCritica.* Cura il blog *Trasversale.* Intensa la sua partecipazione a riviste, antologie e convegni, parallela all'attività di critico d'arte, per la quale è presente in numerosi cataloghi internazionali. Ha pubblicato i libri: *Corpi* (Anterem, 1991); *Buio e Blu* (Anterem, 1993); *Didascalie su Baruchello* (Roma, 1994); *Interni d'autore* (Joyce & Company, 1995); *Musicale* (Anterem, 1999); *Arte da camera* (d'if, 2004); *Trasversale* (Anterem, 2006, vincitore del Premio di Poesia Feronia, Fiano); *Coppie improbabili* (Pagine d'Arte, 2007); *Artificio* (Robin, 2012). Escono nel 2020 *Istoriato* (Gilgamesh Edizioni) e *Il contorno dell'ombra* (Oèdipus).

Umberto Piersanti ha insegnato Sociologia della letteratura all'Università di Urbino. Ha pubblicato numerose raccolte poetiche, tra cui *La breve stagione* (STEU, 1967), *I luoghi persi* (Einaudi, 1997), *L'albero delle nebbie* (Einaudi, 2008); è anche autore di opere in prosa, come *Anime perse* (Marcos y Marcos, 2018), e testi di critica. Le sue poesie sono apparse sulle principali riviste italiane e straniere. In Spagna, nel 1989, è uscita l'antologia poetica *El tiempo diferente* e negli Stati Uniti, nel 2002, la raccolta *Selected Poems 1967-1994.* Tra i tanti premi vinti, ricordiamo il Frascati, il Mario Luzi e il Camaiore. È presidente del Centro mondiale della poesia e della cultura Giacomo Leopardi di Recanati. Nel 2021 gli è stata assegnata la prima edizione del Premio Saba Poesia per la raccolta *Campi d'ostinato amore* (La nave di Teseo, 2020).

Andrea Pinotti insegna Estetica all'Università Statale di Milano. Si occupa di teorie dell'immagine e di cultura visuale. È *fellow* di diverse istituzioni di ricerca internazionali (fra le quali l'Italian Academy at Columbia University in New York; l'EHESS, il CIPH, l'IEA di Parigi; il Warburg Institute di Londra; lo ZfL di Berlino). Fra le sue pubblicazioni i volumi: *Empatia. Storia di un'idea da Platone al postumano* (Laterza 2011); *Cultura visuale. Immagini sguardi media dispositivi* (con A. Somaini, Einaudi 2016). Coordina il progetto ERC *AN-ICON* sugli ambienti immersivi virtuali.

Armando Savignano, ordinario di Filosofia Morale e Bioetica all'Università di Trieste, si occupa di ispanismo filosofico. Tra le sue ultime opere: *Storia della filosofia spagnola del XX secolo* (Morcelliana, 2016); *L'antropologia medica di Pedro Laín Entralgo* (Mimesis, 2017). *Filosofia spagnola. L'età d'argento* (Mimesis, 2021). Dirige le collane *Ispanismo filosofico* per l'editore Mimesis e *Pensamiento ibérico e hispanoamericano* per Editorial Sindéresis di Madrid. Molti suoi libri sono stati tradotti in lingua spagnola.

Pasquale Vitagliano, giornalista, poeta e critico letterario. Ha scritto per *Lapoesiaelospirito*, *Nazione Indiana*, *Nuovi Argomenti* e il *Ponte*. Collabora con la rivista *Incroci*, diretta da Lino Angiuli e Daniele M. Pegorari e *La Gazzetta del Mezzogiorno*. È capo redattore della rivista letteraria *Menabò*, edita da Terra d'ulivi. Studioso di cinema e di poesia, ha pubblicato raccolte di poesie, romanzi e saggi critici (su Pier Paolo Pasolini, Cesare Zavattini, Danilo Dolci, Leonardo Sciascia). È presente in molte antologie e nell'*Atlante dei poeti* curato dall'Università di Bologna.

Ringraziamenti

Il presente volume nasce nel contesto della settima edizione del Festival Mantova Poesia, curato dall'associazione La Corte dei Poeti.
Si ringraziano il Comune di Mantova per il sostegno e il patrocinio all'iniziativa, nonché la Regione Lombardia e la Provincia di Mantova per il loro patrocinio. Un ringraziamento particolare a Francesca Forlenza e Carla Villagrossi per il loro prezioso apporto nelle varie fasi di realizzazione del libro.

Indice

Poesia e Filosofia. I domini contesi

Le publicazioni de *LA CORTE DEI POETI*

AA. VV., *Antologia Premio Naz. di Poesia Terra di Virgilio 2015*

AA. VV., *Antologia Premio Naz. di Poesia Terra di Virgilio 2016*

AA. VV., *Poesia – La vertigine della bellezza*

AA. VV., *Antologia Premio Naz. di Poesia Terra di Virgilio 2017*

AA. VV., *Young Poetry*

AA. VV., *Antologia Premio Naz. di Poesia Terra di Virgilio 2018*

AA. VV., *Young Poetry 2019*

AA. VV., *Antologia Premio Naz. di Poesia Terra di Virgilio 2019*

AA. VV., *Young Poetry 2020*

AA. VV., *Antologia Premio Naz. di Poesia Terra di Virgilio 2020*

AA. VV., Umberto Bellintani, *La mia pianura vasta e sonora*

AA. VV., *Young Poetry 2021*

AA. VV., *Antologia Premio Naz. di Poesia Terra di Virgilio 2021*

AA. VV., *Poesia e filosofia. I domini contesi*

Luciana Bianchera, *L'arte dell'affanno* (nuova collana *Corte dei Poeti*)

www.ingramcontent.com/pod-product-compliance
Ingram Content Group UK Ltd.
Pitfield, Milton Keynes, MK11 3LW, UK
UKHW041640190726
13854UKWH00006B/2615